속초

D

D

대한민국 도슨트
한국의 땅과 사람에
관한 이야기

01

속초

김영건 지음

21세기북스

속초 행정 지도

인구 8만 1,700명 (2019년 6월 기준)
면적 105.72㎢ (2016년 12월 기준)
행정구역 8행정동 (13법정동)

고 성 군

영랑동

영랑호

금호동

동명동

교동

청초호

청호동

동해

노학동

속 초 시

조양동

설악산국립공원

대포동

인 제 군

양 양 군

고성군

영랑호

영랑동

등대해수욕장

속초등대전망대

금호동

속초시
문화회관

속초시외버스
터미널

속초국제
여객터미널

수복탑

동명동

동명항

속초공설운동장

속초항

속초시청

초소방서

동해대로

미시령로

교동

중앙시장

아바이마을

동 해

노학동

속초경찰서

속초세무서

청 초 호

청호동

청 초 천

엑스포타워

속초고속버스
터미널

속초해수욕장

조양동

대포동

0m 200m 400m 600m

차례

'속초 도슨트'
김영건

나는 속초에서 서점을 운영하고 있다. 하굣길에 들른 초등학생들, 맞은편 식당 사장님, 은퇴한 어르신까지, 하루에도 헤아릴 수 없는 다양한 손님들을 만나지만, 요새 들어 여행자 손님들이 눈에 띄게 늘었다. 속초 여행 중에 서점에 방문한 손님들은 이따금씩 나에게 이렇게 묻곤 한다.

"속초에 관한 책은 어디 있어요?"

그럴 때마다 나는 무슨 창피라도 당한 것처럼 멋쩍은 표정을 짓게 된다. 머리를 긁적이며 이렇게 대답해야 하기 때문이다.

"손님. 저, 그게 말이죠…… 속초에 관한 책이 없답니다."

그러고 나면 손님과 나 사이엔 잠시 침묵이 흐른다. 손님은 어리둥절한 표정을 짓고 있다. 왜 속초에 있는 책방이 속초에 관한 책을 구비하고 있지 않은 건지, 속초에 관한 책이 그리도 구하기 힘든 건지, 찾는 사람이 없어 비치하기를 포기한 건지, 손님의 표정에선 도무지 상황을 이해하기 힘든 기색이 역력하다. 나는 시중에 유통되고 있는 단행본 중에는 안타깝게도 속초에 대한 책이 없다는 초라한 설명을 덧붙인다. 있는 그대로의 사실을 말씀드리는데도 꼭 핑계를 지어낸 사람처럼 등에 식은땀이 맺히곤 했다.

엄밀히 따지면 속초에 관한 책이 전혀 없는 건 아니다. 우선 속초시청과 속초문화원, 속초시립박물관 등의 기관에서 펴내는 속초의 역사와 문화에 관한 비매품의 책들이 있다. 그리고 속초 사람들의 모습과 속초의 아름다운 풍경들이 담긴 사진집이 있다. 그런가 하면 강원도 여행 책의 한 챕터로 속초의 여행 명소들이 짤막히 소개되어 있기도 하다. 그렇지만 오로지 '속초'라는 도시를 단일 소재로 삼은 책, 말하자면 처음부터 끝까지 속초 이야기만으로 채워진 단행본으로 출간되어 시중에 판매되는 책은 단 한 권도 없다.

문득문득 속초에 관한 이야기를 내가 직접 들려드릴 수 있지 않을까 생각해본 적도 있다. 수많은 손님들이 문의하지만 없어서 좌절하는 바로 그 '속초에 관한 책'을 감히 내가 직접 써보면 어떨까 하고. 하지만 그건 잠깐의 번뜩임만으로 뛰어들 수 있는 종류의 일은 아니었고, 무엇보다 이른바 '먹고사는 일'에 하루 이틀 치이다 보면 예의 씩씩했던 정신도 어느새 사그라지곤 했다.

그러던 중 1년 전 21세기북스로부터 '대한민국 도슨트 속초' 편의 집필 제안을 받게 되었다. 처음에는 도시를 인문학적 시선으로 바라보고 해석하는 안내자 역할을 제대로 해낼 수 있을까 걱정이 앞섰다. 하지만 일터에서 느꼈던 망설임들이 모이고 모여 마침내 나의 발걸음을 서점 바깥으로, 속초의 땅과 사람들에게로 이끌었다. '속초에 관한 책은 여기 있습니다.' 혼자 머릿속에서 족히 수백 번은 반복했던 말과, 손님에게 '속초 책'을 건네는 장면을 마음 한구석에 새긴 채 길을 나섰다.

속초는 대한민국의 현재를 살아가는 사람들 대부분에겐 여행지나 휴양지로 이야기될 도시이지만 나에겐 대학교에 입학하기 직전까지 19년간 살아왔던 곳이자 2015년 다시 고향에 돌아온 뒤부터 5년째 살아가고 있는 곳이다. 아내의 고향이면서 부모님이 평생을 살아온 곳이기도 하다. 그게 바로 내가 속초편의 집필을 제안 받게 된 이유 중 커다란 하나일 것으로 짐작한다. 속초에서 태어나 속초에서 자랐고 속초에서 살고 있는 사람이라는 사실 말이다. 속초를 '잘 알고 있을 것 같은' 사람이 속초의 구석구석을 소개해주는 책인 셈이다.

난생처음 인터뷰어의 신분으로 노트와 펜을 가방에 챙겼다. 그리고 무심히 지나쳤던 속초의 땅과 사람들을 새로운 시선으로 바라보기 시작했다. '그저 평범한 정자로 보이는 이곳에는 어떤 이야기가 담겨 있을까', '전쟁 직후 속초로 피난을 오게 되어 어쩌다 수십 년째 이곳에 살고 계신 할머니는 이 도시와 자신을 어떻게 받아들여 왔을까', '불과 몇 년 전 가족들과 함께 속초로 이주해 창업한 부부는 여기에 이르기까지 어떤 고민의 시간을 거쳤을까'.

도시 안내자로서 시작한 일의 첫 단계는 다름 아닌 내가 도시 여행자가 되는 것이었다. 이 책이 독자에게 전해지기 이전에, 누구보다도 먼저 나 자신이 속초의 구석구석을 걷고 공부하고 발견하고 이해해야 했다. 그 발견의 과정이 놀랍고 경이롭기만 했던 건 아니다. 도시의 보존과 개발을 둘러싼 첨예한 갈등들을 조사하며 거리 한편에 드리워진 그림자와 마주해야 했고, 이제는 아무렇지 않게 누리고 있는 도시의 환경을 지켜내기 위해 수많은 희생이 있었다는 뼈아픈 사실 또한 깨달아야 했다. 그렇게 땀을 흘리고 어깨가 뻐근해진 동안 '속초'라는 두 글자가 어느새 내 몸과 마음에 흔적들을 남겼다.

휴일 없이 서점을 운영하는 와중에 취재를 병행하는 일이 적잖이 고되고 버겁기도 했지만, 가벼운 발걸음을 뗄 수 있도록 모든 여정에 함께해준 딸과 아내 그리고 어머니에게 고마움을 전하고 싶다. 그들 덕분에 아마도 나 자신의 그림자를 쳐다보며 견뎌내야 했을 취재 전후의 외로운 순간들이 두

고두고 꺼내 볼 수 있는 소중한 시간으로 기억될 것 같다. 내가 자리를 비운 동안에 아버지는 홀로 서점을 지켰다. 묵묵히 나를 대신해 자리를 지켜준 아버지가 아니었다면, 나의 작업은 제대로 돛을 올려보지도 못한 채 금세 바닥으로 가라앉아 버렸을 것이다. 끝으로 믿을 수 없을 만큼 관대하고 유쾌하게 취재에 응해주신 속초의 모든 아름다운 사람들에게 진심으로 고맙다는 말을 전하고 싶다.

속초에서 김영건

근대 이후
속초는
어느 도시보다
빠르게 변화했다.
그 변화는
현재도 진행 중이다.
실향민의 도시에서
가장 트렌디한
도시로.

언제나 젊은 도시
속초

대도시에 비해 지방 소도시들은 느리게 변화한다. 그 덕분에 각 지역 저마다의 특색이 만들어져왔다. 그런데 유독 속초의 변화 속도는 빠르다. 수백 년간 외부에 잘 알려지지 않은 작은 포구에 불과했던 속초는 한국전쟁을 기점으로 몸살과 같은 격변을 맞이했다. 남쪽에서 피란살이를 하던 북한 출신 사람들이 고향으로 돌아가기 위해 몰려들면서 속초시의 인구가 급격하게 불어난 것이다. 그렇게 그들이 이 좁은 땅에 빈손으로 들어와 판자촌을 이루고 살면서 속초는 자연스럽게 '실향민의 도시'로 외부에 처음 각인되었다.

시간이 지나면서 전쟁의 상흔도 아물어가는 것일까. 어느

새 세대가 두세 번 바뀌고 오늘의 속초는 실향민의 도시라는 껍질을 깨고 있다. 속초의 단 하나뿐인 시장인 중앙시장은 이미 전국적인 명소가 되었고, 오랫동안 속초를 지켜온 칠성조선소나 동아서점 같은 공간들은 시대마다 옷을 갈아입으며 자신만의 매력을 발전시켜가고 있다. 속초를 떠났던 이들이 돌아오고, 속초와 인연이 없던 타지인들도 속초에서 둥지를 틀기 시작했다. 아바이순대처럼 속초만의 독특한 문화와 전통이 된 옛것과 새로운 것이 섞여 이 작은 도시만의 특별한 매력이 꿈틀댄다. 지금 속초는 가장 아름다운 비상을 준비하는 것 같다.

설악산과 동해를 병풍처럼 두른 도시

속초는 설악산과 동해 사이에 놓인 땅이다. 한반도의 대부분 지역에서 산과 바다를 보는 것이 어렵지 않지만, 높은 산맥과 광활한 동해를 속초만큼 지척에 둔 곳은 드물다. 태백산맥에서 가장 높은 설악산 최정상 대청봉에 올라서면 큰 호수 두 개를 끼고 있는 속초의 전경이 한눈에 들어온다. 속초시 면적은 105.72km^{2}로 강릉의 약 10분의 1 정도밖에 안 된다. 이 작은 공간에 명산과 호수, 바다까지 모두 어우러져 있는 셈이다.

태백산맥과 동해가 속초에 끼치는 영향은 막대하다. 아름다운 경관과 산물을 제공할 뿐 아니라 태백산맥을 기준으로 영서와 영동의 기후가 크게 달라진다. 바다는 육지에 비해 천천히 데워지고 천천히 식는 특징이 있다. 이는 속초의 기온에 큰 영향을 미친다. 속초는 동해 덕에 내륙에 있는 도시에 비해 여름에 시원하고 겨울에 따뜻하다. 겨울철 기온이 따뜻한 데에는 지형도 한몫한다. 속초의 뒤에 서 있는 든든한 바람막이 태백산맥은 그야말로 찬바람을 막아주는 커튼과 같은 역할을 한다. 태백산맥을 경계로 차이가 나는 기온 때문에 대관령 동쪽에서는 따뜻한 남부지방에서나 볼 수 있는 대나무가 자라지만 같은 위도의 서쪽에서는 대나무가 자라기 힘들다.

대체로 우리나라에서 비가 많이 내리는 지방은 바다로 둘러싸인 제주도와 울릉도, 태풍과 장마의 영향을 크게 받는 섬진강 주변의 남해안지역, 산맥들에 비구름이 막히는 한강 중상류라고들 한다. 하지만 속초와 강릉지역에 내리는 비의 양도 만만치 않다. 속초의 연평균 강수량은 1,402mm(1981~2010년)인데, 태풍의 영향은 남해안보다 적지만 산맥에 가로막힌 지형 때문에 여름철 집중호우가 빈번하게 발생한다.

속초는 집중적인 호우로 인해 때때로 홍수 피해를 입기도

대포항에 정박해 있는 어선들 속초에서는 산, 바다, 호수를 모두 만날 수 있다. 속초의 대표 항
구인 대포항이지만 오늘날엔 어선보다 관광객을 위한 식당이 더 많다.

한다. 동해를 건너 북쪽으로 올라가면 나오는 바다인 오호츠크해지역에서 불어오는 바람은 주로 속초의 봄, 가을 기후에 영향을 미치는데 북동쪽에서 불어오기 때문에 차가우면서도 바다를 기반으로 한 공기답게 습기가 많다. 오호츠크해에서 불어오는 바람이 예외적으로 한여름에 강해지면 장마전선과 만나 강원도 지방에 홍수를 일으키기도 한다.

속초를 비롯한 동해안지역에는 눈이 많이 내리고 바람도 많이 분다. 북한에 속한 통천과 고성 사이에는 눈이 많이 온다고 해서 '통고지설', 양양과 지금은 고성으로 편입된 간성 사이에는 바람이 많이 분다는 의미의 '양간지풍'이라고 한 옛말에도 이런 기후적 특징이 나타나 있다. 속초는 통고지설의 인근이자 양간지풍의 중간 지점이라 두 가지 영향을 다 받는다고 볼 수 있다. 강하고 건조한 바람은 동해안지역에 메마른 봄을 안겨주는데 이 때문에 역대 큰 산불은 대부분 이 일대에서 발생했다.

청초호와 영랑호, 바다에서 호수로

속초의 호수는 특별하다. 보통 호수는 땅이 움푹 들어간 곳에 물이 고여 만들어진다. 하지만 영랑호와 청초호는 우리가 흔히 아는 호수들과는 만들어진 과정이 전혀 다르다. 원래 영랑호와 청초호는 바다였다. 육지가 움푹 패여 바다가 찰랑거리던 곳이었다. 그런데 시간이 지나며 파도의 움직임에 의해 모래가 바닷물을 헤치고 한쪽 방향으로 길게 쌓이기 시작했다. 모래 퇴적물은 급기야 건너편 육지에 닿게 되었다. 그와 동시에 바다는 분리가 된 셈이다. 이렇게 만들어진 호수의 물은 민물이 아니라 짠물, 즉 바닷물이다. 이런 호수를 석호라고 부른다. 석호에 계속 비가 내리고, 또 작은 개천들이 흘러들면서 짠맛이 연해지고, 육지에서 떠내려온 흙이나 모래로 연못의 깊이도 점점 얕아지게 된다.

청초호는 관동팔경 중 하나에 속할 정도로 이름 높았던 곳으로, 이중환의『택리지』에는 청초호가 거울을 펴놓은 듯이 맑다고 소개되어 있다. 조선시대에는 청초호에서 경치를 즐기며 뱃놀이를 하는 양반들이 많았다고 한다. 청초호보다 북쪽에 있는 영랑호는 신라시대의 화랑인 영랑이 이 호수의 아름다움에 반해 무술대회에 나가는 것조차 잊어버렸다고 해서 영랑이라는 이름이 붙었다고 전해진다.

선사시대부터 사람이 살기 좋았던 곳
속초가 한국전쟁 이후로 급격히 커진 것은 사실이지만 그 기

바닷물이 고여 만들어진 청초호 청초호는 개발과 오염으로 몸살을 앓으면서도 놀라운 자정
능력으로 청명함을 유지하고 있어 매년 철새들이 도래한다.

원은 선사시대까지 거슬러 올라간다. 후기 구석기시대 유물
5천여 점이 출토되었고, 2002년 실시한 지표조사에서는 기
원전 5500년경 만들어진 것으로 추정되는 신석기 유물이 발
견되었다. 지난 2015년 속초해수욕장 인근 청호동 마을의
아파트건설사업 부지에서는 후기 구석기 뗀석기와 석기제작
소, 철기시대 마을 유적이 함께 발굴되기도 했다. 이로써 속
초 일대는 오래전부터 사람들이 살던 곳이며, 본격적으로는
청동기시대에 촌락을 이루고 주거한 곳으로 볼 수 있다. 속

초시 남쪽에 있는 조양동 일대는 구릉이 낮고 평야지대이면서 청초호와 접하고 있어 선사인들이 생활하기에 알맞은 입지 조건을 갖추고 있는 곳이다.

속초를 포함한 양양지역은 고구려 영토였으나 이후 신라에 복속되었다. 이후 오랫동안 익령현에 속했다가 고려시대에 양주로 승격되었다. 속초라는 지명은 조선 초기『세종실록지리지』에 수군주둔지 '속초포'라는 명칭으로 처음 등장했다. 조선 태종 때 양주부가 양양도호부로 바뀌면서 속초는 1963년 이전까지 지금의 양양군에 속한 지역이었다. 오랫동안 양양의 작은 바닷가마을이었지만, 고려 이후 천혜의 항구 조건으로 해상 방어를 위해 수군이 주둔하고 관방시설이 생겨났다.

바닷가마을 속초가 양양의 신흥도시로 부상한 것은 1930년대였다. 속초항은 1932년부터 1937년까지 당시 강원도에서는 가장 큰 토목사업이었던 방파제와 수로를 개설하면서 본격적인 근대 어항으로 조성되었다. 항만 개발과 함께 동해안 수산업의 활황으로 속초항은 크게 번성했고, 일개 리에 불과했던 속초항 일대에 사람이 몰리면서 도시가 들어섰다. 1937년 양양군 도천면사무소가 속초로 이전하면서 이름도 도천면에서 속초면으로 변경되었다. 1940년대에는 일제가 청초호 북쪽을 매립해 군수공장을 세우면서 1942년에는 속초읍으로 승격되었다.

속초라는 지명의 유래에 대해서는 정확하게 알려진 바가 없지만 말 그대로 풀이하면 '풀을 묶다'는 뜻이다. 1911년에 발간된 『조선지지자료』를 보면 당시 지역사람들은 속초를 속새, 속초나루터(속진, 지금의 갯배나루터)를 속새개목이라고 불렀다. 속새는 강원도 이북 습지에서 많이 자라는 풀인데, 예전에는 속초의 중심인 청초호 주변이 대부분 습지였다는 것을 생각하면 이 속새가 속초 지명의 일부가 된 것으로 보인다.

속초의 도시화는 해방 이후 고향에 돌아가고자 했던 북한 출신 피란민들이 몰려들면서 더 급격한 물살을 타게 된다. 1963년 속초읍에서 속초시로 승격되어 마침내 양양군에서 분리되었다. 그리고 1973년 고성군 토성면 일부가 장사동으로 편입, 1983년에는 양양군 강현면 일부 지역이 설악동으로 편입되어 현재에 이르고 있다.

동해가 키워낸 명태와 오징어 그리고 속초 사람

속초의 역사는 수산업과 함께 시작되었다고 해도 과언이 아니다. 한국전쟁이 발발한 지 1년째 되는 1951년, 지금의 속초지역 일대가 수복되었을 당시 이곳은 피란민들이 구성원의 대부분인 도시였다. 그리고 속초에 정착한 이 피란민들의 70% 이상이 바로 어민 출신이었다. 이북에서 본인이 소유한 배를 타고 내려와 그 배를 이용해 고기를 잡으며 생계를 꾸리던 사람들도 적지 않았다. 그후 1950년대와 1960년대에도 전국 각지에서 전입한 인구가 꾸준히 증가했다.

특히 1950년대 말에는 돛을 사용하던 범선이 동력선으로 대체되면서 연안 어업에서 벗어나 어장을 넓힐 수 있게 되었다. 그 덕분에 잡히는 생선의 종류가 청어, 정어리 위주에서 명태, 오징어, 꽁치, 양미리 등으로 바뀌게 되는데 이때 속초의 어획고는 부산 다음으로 전국 2위를 기록할 정도였다.

이 어장을 따라 이북 고향에서 맨몸으로 피란 온 실향민들뿐 아니라 전국 각지에서도 가난한 사람들이 몰려들었다. 전쟁 후 어려웠던 시절, 속초에 와서 배를 타기만 해도 먹고 살 수 있었다. 당시 속초는 가난한 이들에게는 꿈의 도시였다. 그렇게 인구가 폭발적으로 늘어난 속초는 1963년 시로 승격되었다. 해방 후 38선 이북이었던 속초는 수복 10여 년 만에 시로 거듭난 것이다.

1963년 속초읍이 속초시로 승격했을 당시에는 속초 인구가 총 5만 명에 이르렀다. 당시 직업 인구 2만 3000명 중 어업 인구만 무려 7천 명에 육박할 정도였다. 세 명 중 한 명은 바다에서 고기를 잡아 생계를 유지했던 셈이다. 그렇게 속초는 동해안의 대표적인 어업도시로 성장했고, 인구의 증가와 경제성장은 도시를 형성하는 토대를 마련해주었다.

겨울에는 명태, 여름에는 오징어로 대표되던 속초의 수산업은 1970년대부터 쇠퇴의 길을 걸었다. 속초를 먹여 살리던 명태는 휴전선 인근에 황금어장을 형성했다. 속초 사람들은 북에 피랍될 위험까지 무릅쓰고 명태를 잡았으나 남북한의 갈등이 최고조에 이른 1968년 11월 어로한계선 남하로 명태황금어장을 잃었다. 이후 명태는 동해안에서 점점 사라졌다. 앞바다에서 나던 오징어도 마찬가지였다. 오징어를 잡으려면 멀리 울릉도 인근과 공해상까지 나가야 했다. 그러다 2000년대 이후 붉은대게가 속초의 대표 어종으로 부상했다. 먼 공해상까지 나가서 잡아오는 우리나라 붉은대게의 50%가 속초에서 나온다. 붉은대게는 2016년 속초 전체 어획량의 68%, 어획고의 45%를 차지하기에 이른다.

어획량 부진과 산업 재편으로 어민들의 수도 계속 줄었다. 2015년 기준 속초의 어업종사자는 328명, 어가인구는

1950년대 명태관태작업 말린 명태를 싸리로 한 쾌에 20마리씩 꿰는 작업을 관태라고 한다.
멍석에 앉아 관태작업이 한창인 모습이다.

738명에 불과하다(2017년 속초통계연보). 비록 번성했던 수산도
시의 영화는 사라졌지만, 속초는 여전히 동해안의 대표적인
어항이며, 속초의 서민 경기는 다른 무엇보다도 어획의 상황
에 좌우된다. 바다가 풍요로워야 속초도 넉넉해진다.

　　1970년대 이후 속초는 어업이 아니라 다른 분야로 사람
들의 입에 오르내리게 된다. 국민소득이 높아지면서 서서히
관광산업이 발달한 것이 그 배경이 되었다. 강원도의 빼어난
자연환경을 한껏 만끽할 수 있는 도시가 바로 속초였던 것이

다. 속초에 가면 산과 바다를 동시에 만날 수 있다. 이런 점은 강원도 어느 도시나 비슷하다고 볼 수도 있지만 속초는 조금 다르다. 우리나라의 명산 설악산을 품고 있기 때문이다.

설악산과 함께 성장한 도시

산맥은 아름다운 경관과 산물을 제공하지만 교류에 있어서는 큰 장애물이 된다. 영동 대부분 지역이 그렇듯 속초에서 산을 넘어 내륙으로 가는 것은 여간 어려운 일이 아니었다. 한반도는 좁고 기다란 지형인데다 서울의 위치 때문에 교통과 수송의 방향이 대부분 남북으로 형성되는데, 강원도만 동서로 향한다. 그 가로로 된 육로마저 태백산맥에 가로막힌 땅이 영동지역이다. 상대적으로 내륙으로 진입하기 편했던 양양과 강릉이 영동지역의 중심지였고, 깎아지른 설악산에 가로막힌 속초는 외지인이 방문하기 힘든 작은 어촌이었다.

　설악산을 탐방하는 경로는 여러 가지가 있지만 널리 알려진 흔들바위나 비룡폭포, 비선대 등이 속초에 인접해 있기 때문에 설악산을 찾는 이들은 으레 속초를 떠올리게 된다. 사실 설악산이 명산으로 주목받은 것은 오래전 일이 아니다. 분단 전까지는 가까이 있는 금강산의 수려함에 가려서 그 산세의 가치가 빛을 보지 못했다. 하지만 휴전 이후 금강산으로 가는 길이 막히고 사람들이 설악산을 자주 찾게 되면서 그 아름다움이 뒤늦게 알려졌고, 이제는 명실상부 남한의 대표 명승지로 자리 잡았다. 심지어 집선봉이나 귀면암 등은 그전까지 이름도 없이 존재하다가 금강산의 봉우리와 바위의 이름을 그대로 붙이면서 이름을 갖게 되었다.

설악산이 관광지로 떠오르자 1976년 정부에서 국제 규모의 관광단지를 만든다는 목적으로 300억 원이 넘는 돈을 들여 현재의 설악동탐방지원센터 주변에 대규모 관광단지를 건설했다. 1980년대에는 설악산 관광을 목적으로 속초를 방문하는 이가 한 해 100만 명이 넘었다고 한다. 이처럼 설악산이 재조명되면서 속초 역시 관광도시로 부상하게 된다.

고향을 잃은 사람들의 새로운 터전

1980년대까지만 해도 속초는 실향민의 도시라 불릴 정도로 월남 피란민이 많이 정착해서 사는 곳으로 각인되었다. 이제 실향민 1세대는 많이들 세상을 떠났지만 2세대, 3세대가 여전히 속초에서 살고 있다. 현재도 아바이마을이 속초의 손꼽히는 관광 명소로 알려져 있을 만큼, 실향민이라는 단어는 속초의 중요 연관 검색어 중 하나다. 지금도 아바이마을이나 중앙시장을 찾아가면 어조가 강한 함경도 사투리를 어렵지 않게 들을 수 있다. 수복된 이후 속초 인구의 절반 이상이 북한 출신의 사람이었다고 할 정도이니 실향민의 도시라는 말이 헛말은 아닌 듯싶다.

속초가 실향민들에 의한 상전벽해의 변화를 맞이하게 된 것은 한국전쟁 때이다. 한국전쟁 중 국군과 유엔군이 북한군과 중국군에 밀려 쫓겨 내려올 때 같이 내려온 북한 주민들이 속초에 짐을 푼 것이다. 북한 출신 주민들은 다시 국군이 북으로 올라가면 따라 올라가기 쉬운 속초에 머물기로 했다. 하지만 1953년 정전 협정이 체결되면서 피란민들은 아예 속초에 눌러앉게 되었다. 육로로 내려온 사람들만 있었던 것은 아니다. 흥남철수작전 때 미군 군함을 타고 부산에 내려온 사람들 역시 그 어려운 상황 속에서도 고향이 가까운 곳을 향해 북으로 북으로 올라왔다. 그렇게 위험을 무릅쓰고 선택한 장소가 속초였다.

휴전선이 생기고 북녘에 고향을 둔 사람들은 귀향이 사실상 불가능하게 된 후에도 '고향 돌아가기 프로젝트'를 가동했다. 고향을 잊지 않기 위해 조직을 만든 것이다. 함경남도 도

1950년대 아바이마을 전경 한국동란 휴전 사이의 척도 본 지역에 대한 기술 동막이나 반자 건물들이 빼곡하다. 속초 시내의 청호동 아바이마을 사이는 침도 초작 기로파리 있었(... 아바이마을 주민들이 주 이동수단은 갯배였다. 지금은 풍어항에서 비파 벨치제동 소멸이 등 있지만 당시에는 대뚝과 거대 동막에 그대로 노출을 수밖에 있는, 어여황작하였었다. 만새안 황차탁닥 이 위험한 곳에 터를 닦곤 아바에 참견한 침샬반억(악)니 끄초창될 비치린다.

32

민회, 함경북도 도민회 등이 생겨났는데, 고향에 대한 애틋함은 도민회에 그치지 않고 그 아래에 시민회나 군민회까지 만들어 냈다. 이들은 죽은 후에도 시민회나 군민회가 마련한 묘지에 묻힐 정도였다.

북청사자놀음을 즐기는 1950년대 속초 사람들 함경남도 북청의 전통 민속극 북청사자놀음은 실향민에 의해 속초에도 전승되었다. 속초사자놀이라는 이름으로 강원도 무형문화재 제31호에 지정되면서 전통문화를 보존하기 위한 노력이 꾸준히 이어지고 있다.

냉면에 함흥이라는 단어를 최초로 붙인 함흥냉면, 독특한 아바이순대와 아마이젓갈, 가자미식해, 명태식해 등은 대한민국 어디서도 맛볼 수 없는 실향민의 음식문화로 여행객의 발길을 끄는 소중한 자산이다. 북청이 고향인 실향민들이 처음 공연을 시작한 북청사자놀음이 지금까지 이어져 속초사자놀이로 발전한 것도 실향민 도시 속초의 독특한 문화 전승으로 주목할 만하다.

실향민의 도시에서 가장 트렌디한 도시로

8년 전 서울에서 살다가 그저 속초에 살고 싶어서 이주한 젊은 부부가 있다. 그들은 어느 날 쌀국수가 먹고 싶은데 속초에 쌀국수 식당이 없다는 걸 알게 된다. 그렇게 만들기 시작한 쌀국수를 팔게 된 게 영랑호 인근의 '완앤송하우스레스토랑'이다. 서울 염리동에서 운영하던 밀크티 카페를 접고 속초에 자리를 튼 '비단우유차'는 이제 전국으로 밀크티 택배를 보낸다. 부모님이 운영하던 오래된 조선소를 카페와 뮤지엄으로 개조한 '칠성조선소'는 속초의 어제와 오늘을 고스란히 담고 있다. 물론 아바이마을과 갯배, 동명동성당과 같이 지금의 속초를 있게 한 문화유산들도 더없이 소중하다.

짧다면 짧은 한국 현대사에서 속초만큼 드라마틱한 변화를 겪어온 도시도 드물다. 그 변화의 속도는 비단 1960~70년대에서 그치지 않는다. 2017년 서울양양고속도로가 개통되고 국내 여행 수요가 늘면서 오늘의 속초는 더욱 빠르게 변화하고 있다. 그래서 속초는 언제나 젊은 도시다.

01 동명동성당
전쟁 중에 지어진 유일한 성당

매해 1월 1일이면 속초는 해맞이를 온 사람들로 인산인해를 이룬다. 대부분의 사람들은 바닷가로 해를 보러 가기 마련이지만, 속초 사람이라면 누구나 알고 찾아가는 다소 비밀스러운 해맞이 장소가 있다. 속초 앞바다와 속초의 항구, 크고 작은 집의 지붕들이 액자에 담긴 듯 한눈에 내려다보이는 곳. 작은 언덕을 오르는 수고를 치러야 만날 수 있는 이곳은 바로 동명동성당이다.

피란민들을 품어준 성당
동명동성당은 전쟁 중에 지어졌다. 보다 정확히 말해 이곳은 한국에서 유일하게 전쟁 중에 지어진 성당이다. 그저 해맞이를 위해, 좋은 전망을 보러 성당 언덕을 올랐다면 언덕 위에 자리한 믿을 수 없을 만큼 소박한 이 역사적인 건축물의 모습에 조금 섭섭할지도 모르겠다. 자그마한 언덕 위, 속초 앞바다가 내려다보이는 이곳에서 성당은 주위 풍경들보다 훨씬 더 오래 이 자리에 있었다는 듯 무심하고 평온하게 앉아 있다.

동명동성당은 1952년 10월 1일 한국전쟁 중에 인가를 얻었다. 전쟁 중에 인가를 받았다는 사실도 놀랍지만, 당시 성당 근처에 불과 세 가구(약 18명) 밖에 거주하고 있지 않았다는 점도 놀랍다. 성당이 세워지려면 근처 가구 수를 고려하여 신자를 얼마나 확보할 수 있는지를 염두에 두어야 할 텐데, 어떻게 전쟁 중에 게다가 사람도 얼마 살지 않는 언덕 위에 성당이 지어질 수 있었을까?

답은 전쟁 중이라는 비극적인 상황 속에 있다. 1951년 말, 전쟁이 한창이었지만 휴전협정의 희망이 보이던 시기에 속초에는 수많은 피란민들이 거주하고 있었다. 자유를 찾아 월남한 철수민들(당시 북한에서 피란을 온 사람들을 철수민이라고 불렀다)과 고향을 찾아 떠나던 와중에 휴전선에 가로막혀 정착한 사람들. 피란 중이라는 상황만으로도 삶이 위태로운 지경이었지만, 그보다도 걸핏하면 북한 사람이라는 소문이 나거나 밀고를 당해 잡혀가기 일쑤였다. 피란민들은 자신의 신분을 보호할 수 있는 곳을 찾아 헤맸고, 성당은 바로 이러한 피란민들 가운데서 신자를 많이 확보할 수 있을 거라고 예상했다. 하여 이곳 동명동 언덕 위에 당시 '속초성당'이라는 이름으로 성당이 세워진 것이다.

예상은 맞아떨어졌다. 동명동성당은 1952년에 인가를 받고 바로 다음 해인 1953년에 건립되었는데, 실제로 피란민들이 신분을 보호하기 위해 신자로 활동하는 경우가 많았다. 그뿐만 아니라 성당에 미사만 나오면 미군으로부터 지원받은 옥수숫가루, 우윳가루 등의 식량을 배급해주었기 때문에 이것을 받기 위해 신자로 활동한 이들도 적지 않았다고 한다. 한마디로 초기 동명동성당은 피란민의 보호처로 기능했던 것이다. 성당은 이들 피란민들과 함께, 피란민들을 품고 차츰 성장할 수 있었다.

구석구석 쌓인 60여 년의 역사

1951년 8월 18일 군정이 실시되면서 당시 속초에는 미군정 사령부가 상주했고, 성당 건물은 바로 이 미군들이 지어주었다고 한다. 전체가 돌로 이루어진 석조 건물로, 성당 축조에 쓰인 모든 돌은 성당 앞바다(현 영금정)에서 공수해 올 수 있었다. 당시 성당 앞바다인 영금정 일대는 이른바 '돌산'이라고 불릴 정도로 돌이 태산을 이루고 있는 곳이었다. 건립 당시 검은색이었던 성당 외벽은 현재 베이지색으로 깔끔하게 칠해져 있어 주변 경관과 어우러져 소박하면서도 아늑해 보인다.

성당 안에 들어가면 네모난 돌이 차곡차곡 쌓인 벽면이 가장 먼저 눈에 띈다. 천장이 뾰족하게 솟아 있어 조용히 수군거려도 금세 소리가 울려 퍼진다. 오래되었지만 잘 관리된 기다란 나무 의자가 옛 성당의 모습을 고이 간직한 듯한 인상을 준다. 제단을 바라보면 청아하게 약간의 광택을 발하는 성모상이 하나 놓여 있다. 언뜻 보기에 평범한 듯도 아름

1953년 속초성당 전쟁 중에 지어진 동명동성당의 건립 당시 모습. 본당을 둘러싼 울타리와 대문은 현재는 철거되어 시민들이 자유롭게 드나들수 있다.

동명동성당의 현재 모습 베이지색 페인트가 칠해져 있는 성당 외벽은 건립 초기에는 검은색이
었다. 당시 방수 기술이 발전하지 못해 비가 내리면 검은 돌로 된 지붕 위로 물이 새곤 하였는데,
이를 막기 위해 지붕 위에 드럼통을 쌓고 검은색 페인트로 칠했다고 한다. 그래서 당시 주민들은
동명동성당을 '검은 성당'이라고 부르기도 했다.

다운 듯도 한 이 성모상은 사실 성당 건립 때부터 지금까지 쭉 있어온 성당 역사의 살아 있는 유물이다. 초대 신부인 원 파트리치오 신부가 건립 당시 속초에 있던 한 미군의 목숨을 구해준 일이 있었는데, 그 미군이 고국으로 무사히 돌아간 후 감사의 뜻으로 이 성모상을 기증했다고 한다.

자그마한 나무들이 군데군데 서 있고, 앉아서 쉴 수 있도록 벤치가 놓인 성당 앞 언덕이 늘 지금처럼 쾌적했던 건 아니었다. 이 언덕은 2012년에 위험하다는 이유로 재난지구로 신고되었고, 이에 정부에서 성당 앞 언덕에 축대를 쌓았다. 축대를 쌓으며 언덕 위 조경에도 신경을 썼고, 그리하여 지금처럼 정원을 산책하며 속초 시내를 한눈에 조망할 수 있는 작은 공원이 조성된 것이다. 현재 동명동성당은 속초시에서 '해맞이 본당'이라는 이름을 부여해 24시간 입구를 개방하여, 언제든 사람들이 이곳 풍경을 즐길 수 있도록 열린 공간으로 운영되고 있다.

아름다움을 지켜내겠다는 다짐

지난해 성당 언덕 앞 부지에 40층짜리 건물이 들어서려고 했으나 교인들의 강한 반대로 현재 허가가 나지 않은 상태다.

성당 앞 고층 건물 반대 현수막 동해와 조도가 보이는 성당 앞에 40층 고층 건물이 들어서게
되면 지금과는 전혀 다른 풍광이 될 것이다.

건물 자체가 그야말로 전쟁유물이며, 현재 문화유산으로 등
록하기 위한 절차를 밟고 있는 데다가, 성당 앞 언덕이 해맞
이를 위한 최적의 장소로 정평이 나 있다는 점들을 고려해볼
때, 고층 건물 진입에 대한 교인들의 반대는 지극히 상식적인
것으로 보인다. 전쟁과 피란민이라는 비극을 품고 오랜 역사
를 지나온 동명동성당 교인들에게서 이곳의 아름다움을 지켜
내겠다는 그들의 신앙심만큼이나 굳건한 다짐이 엿보인다.

02 문천당
시간이 거꾸로 흐르는 가게

최근 금은방에 가본 적이 있는가? 이제 도심의 번화가에서는 금은방을 보기가 쉽지 않다. 그런데 속초 시내 한가운데 시대의 트렌드 따위는 가뿐히 뛰어넘은 오래된 금은방이자 시계수리점이 하나 있다. 실제로 거의 매분 손님들이 문을 열고 들어와 멈춘 시계를 고쳐달라고 하거나, 돌반지를 보여달라고 한다. 이곳의 이름은 문천당. 속초에서 가장 오래된 금은방이자, 속초에서 가장 오래된 가게이다.

함경남도 문천에서 피란 온 시계 기술자

문천당의 이름은 함경남도 문천에서 왔다. 아닌 게 아니라 1대 대표인 방태형 씨가 함경남도 문천 사람이라고 한다. 그는

1·4후퇴 때 남쪽으로 피란을 내려왔다가 고향으로 다시 돌아가지 못했다. 젊은 시절 만주에서 시계 수리 기술을 배웠던 터라, 속초 근처에 임시로 머물며 당시 1군단 예하 군속(軍屬)으로 시계 수리 일을 했다. 그러다 속초에 아예 정착하게 되면서 1951년 영랑동 '1구시장'에서 본격적으로 가게 영업을 시작하게 된 것이다.

문천당이 개점했던 1950년대는 귀금속과 손목시계가 널리 소비되던 시기는 아니었다. 더욱이 당시 속초 인구의 대

초기 문천당의 모습 1951년 가을 당시 속초의 번화가였던 영랑동 1구시장에서 '문천시계점'이라고 쓰인 나무 입간판을 세우고 영업을 시작한 것이 문천당의 시작이었다.

부분은 피란민이었다. 귀금속은커녕 시계조차도 쉬이 욕심 내기 힘든 시절이었다. 금은방은 동네 가게를 드나들듯이 번 번이 갈 수 있는 곳은 아니었을 것이다. 군인들이 손목시계 를 필요로 할 때나 시계를 수리해야 할 때, 그리고 자식들의 결혼 같은 일생에 몇 번뿐인 커다란 경사에 예물을 맞춰야 할 때, 사람들은 영랑동의 금은방, 문천시계점을 찾았다. 초 기 문천시계점은 그렇게 명맥을 유지하다가 1956년에 자리 를 옮겼다. 바로 현재 위치인 '3구시장(현 속초관광수산시장)' 입 구로 이전하면서 문천당이라는 이름으로 첫 정식 사업자등 록증을 교부받은 것이다.

금은방의 전성기를 함께 달려온 장인들

1960년대에 들어서면서 속초도 차츰 발전해나가기 시작했다. 수산업의 발전과 함께 도시가 성장하였고, 도시 경기의 활성 화는 문천당 사업의 번창으로 직결되었다. 사람들의 삶에 조 금씩 여유가 찾아오면서 소비에 대한 개념도 서서히 생겨났던 것이다. 특히 오징어 값을 계산하는 날(일정 기간 동안 잡은 오징 어를 정산하여 돈으로 돌려받는 날)이면 여기저기서 두둑한 목돈이 오갔고, 그런 날엔 어김없이 문천당에 사람들이 몰려들었다.

1970년대부터 1980년대까지는 문천당의 그리고 한국 금은방의 전성기였다. 그때는 지금과는 달리 귀금속보다 특히 시계가 매출에서 차지하는 비중이 매우 높았다. 현 문천당 대표 방서호 씨에 따르면 당시에는 설날 하루 동안 아이들 시계를 무려 50개씩 팔았다고 한다.

현재 문천당에서 일하고 있는 사람은 총 네 명인데, 주인 부부(2대 대표)를 제외한 두 명의 직원은 80년대에 문천당의 식구이자 동업자로 일하기 시작했다. 두 사람은 각각 시계 수리 기술자와 금속 세공사로 자그마치 30년이 넘는 시간 동안 문천당을 함께 지키고 있는 프로 중의 프로들이다. 특히 시계 수리 기술자는 '거꾸로 가는 시계'를 발명해 언론에 보도되기도 했다. 그는 고치지 못하는 시계가 없는 '시계 수리 장인'으로 속초를 비롯하여 전국에 정평이 나 있다.

현재 문천당 대표인 방서호 씨 역시 80년대에 문천당 운영에 합류했다. 이전까지 서울에서 직장생활을 하다가 아버지의 병환으로 인해 젊은 피를 식히고 속초로 돌아오게 되었던 것이다. 그가 본격적으로 문천당의 운영을 맡게 되면서 예사롭지 않은 일들도 간간이 겪었다고 한다. 특히 문천이라는 상호명 때문에 북쪽에 가족을 두고 온 이들이나 전

국 각지의 실향민들이 문을 열고 들어와 인사를 건넸다고 한
다. 별다른 생각 없이 아버지의 일을 돕기 위해 고향에 돌아
온 그였지만, 이곳을 찾는 수많은 실향민의 얼굴들을 마주하
면서 차츰 '속초의 문천당'으로서 자부심을 가질 수 있었다고
한다.

꿋꿋하게 속초를 지켜온 가게

방서호 씨가 문천당을 이끌어오며 가장 힘들었던 시기는 다
름 아닌 IMF 때였다. 한국에 불어닥친 재정위기로 인해 '금
모으기 운동'이 일어났던 바로 그 시기. 금의 가치를 객관적
으로 판단할 수 있는 전문가가 없던 은행은 말 그대로 '금 전
문가'를 섭외해야 했다. 방서호 씨는 자신의 가게 근처에 있
는 국민은행으로 매일 출근했고, 시민들이 마음을 담아 가져
온 금을 하나하나 정성들여 감정했다. 이 기억이 그에게 오
래도록 강렬하게 남아 있는 건, 가게 영업과 병행하느라 체
력적으로 쉽지 않았던 점도 있지만 무엇보다도 온 국민의 고
통을 고스란히 체감할 수밖에 없어 감정적으로 고단했던 탓
이 컸으리라 짐작한다.

2010년도 이래로 스마트폰이 보급되면서 손목시계 매출

은 기하급수적으로 줄었다. 그나마 남아 있는 시계 시장은 명품 시계와 브랜드 시계가 장악했다. 현재 문천당 매장의 제품 구성은 귀금속이 70%에 육박하고, 시계가 30%가 채 되지 않는다. 물론 그럼에도 시계 수리 코너는 지금도 분주하게 돌아간다. 속초에 시계 수리 전문점이 거의 없는 데다, 전국 각지에서 택배를 통해 이곳에 시계 수리를 의뢰하고 있기 때문이다. 속초 문천당의 시계 수리 기술은 입소문을 타고 전

문천시계점이 위치한 중앙동 사거리 전경(1968년) 오랜 시간이 흐르며 중앙동의 모습도 문천당의 외관도 여러 번 바뀌어왔다. 그러나 이 노포가 60여 년 동안 한결같이 속초사람들의 이정표가 되어준 사실은 변하지 않았다.

국에 퍼져, 현재 전국 곳곳에 고객들을 보유하고 있다.

　문천당이라는 장소는 단순한 영업장을 넘어 속초 사람들에게 시간을 알려주고 길을 알려주는 이정표 같은 곳이다. 문천당을 기점으로 북쪽으로는 시청, 서쪽으로는 시장, 남쪽으로는 시내가 있다. 2000년대 들어 관광업이 활성화되면서 근처 중앙시장에는 수많은 영업장이 문을 닫고 새로운 가게들이 생겨났지만, 이곳 문천당만은 꿋꿋하게 자리를 지키고

현재 문천당 외부에 걸린 시계
중앙시장 옆에 위치한 문천당 앞 거리는 오가는 사람들로 늘 붐빈다. 사람들이 언제든지 시간을 확인할 수 있도록 커다란 시계가 달려 있다.

있다. 금은방이라는 단어 자체가 생소할 정도로 사양산업의 길로 들어섰다고 하지만, 무슨 마법이라도 부린 것처럼 문천당만은 하루 종일 손님이 끊이질 않는다. 그래서일까. 문천당에서 발명한 '거꾸로 가는 시계'가 오묘하게도 문천당 안에서 흘러가는 시간을 말해주는 것만 같다.

03 청초호

속초의 땅과 바다를 잇는 문

속초에는 두 개의 호수가 있다. 바로 청초호와 영랑호다. 두 곳 모두 바닷물이 유입되어 형성된 호수라서 지리학적 명칭으로는 '석호'라고 부른다. 같은 석호지만 과거부터 그 쓰임이 전혀 달랐다. 그래서인지 두 호수는 한눈에 봐도 서로 전혀 다른 매력을 품고 있다. 그중 속초 한가운데에 넓게 펼쳐진 호수이자 속초와 바다를 잇는 문이 되는 호수가 청초호다.

동해의 물과 설악산의 물이 합쳐지는 호수

청초호는 속초의 중앙에 자리하고 있다. 둘레가 4km가량 되는 호수로, 북쪽으로 긴 입구가 나 있어 바다로 연결된다. 때문에 예부터 이곳은 배들이 정박해 풍랑을 피하는 중요한 장

소였다. 실제로 조선시대에는 병선(兵船)이 정박했다는 기록
도 남아 있다. 또한 택리지에서는 관동팔경의 하나로 양양의
낙산사 대신 청초호를 포함시킬 정도로 과거에는 그 경치가
무척 아름다웠다고 한다.

경치만 아름다웠던 게 아니라 물 또한 무척 깨끗했다. 그
이유는 청초호만의 독특한 발원과도 연관이 있다. 청초호의
물에는 바닷물과 설악산에서 흘러온 물이 함께 섞여 있다.
미시령 인근의 산에서 흘러온 물길이 청초호로 이어져 있어
서, 이 물길과 해수가 섞이며 독특한 생태계가 형성되었다.
한국전쟁 직후만 해도 청초호는 바닥까지 훤히 보이는 깨끗
한 호수였기에 고기 떼가 활보하는 모습을 기억하는 이들도
적지 않다.

어업 황금기와 청초호의 수난

하지만 그러한 자연경관보다도 항구로서의 지리적인 이점
때문에, 꽤 오랜 시간 청초호는 속초항의 일부로 자리매김해
왔다. 그런데 청초호가 항구로 기능하는 것이 좋기만 한 것
은 아니었다. 속초의 어업 황금기였던 1950년대 후반부터
1960년대에 이르기까지 속초는 '전국 제2위의 어획고'를 기

록하며 전국에서 어민들이 몰려들었다. 당시 엄청난 숫자의
고깃배들이 청초호에 정박했다. 조용했던 호수가 시끌벅적
해지면서 생선을 다듬을 때 나온 부산물들이 모조리 청초호
에 버려졌다. 덕장과 각종 작업장들에서 흘러나온 폐수까지
청초호로 흘러들면서 청초호의 수질은 점점 더 나빠졌다.

호수를 매립해 엑스포공원으로

1999년에 청초호는 다시 한번 변화의 시기를 맞이하게 된
다. 그해에 강원국제관광엑스포를 청초호에서 개최하면서
호수 주변에 엑스포공원을 조성했기 때문이다.(그래서 속초 사
람들은 청초호 인근을 청초호라고 부르기보다는 자주 엑스포라고 일컫곤
한다.)

청초호의 상징처럼 떠오르는 높다란 타워 '99강원국제관
광엑스포상징탑(엑스포타워)'도 이때 세워졌다. 꼭대기인 15층
에 전망대가 설치되어 있어, 동쪽으로는 동해를 서쪽으로는
설악산을 조망할 수 있다. 근처 유원지의 대대적인 공원 조
성 또한 이때 이루어졌다.

문제는 공원 조성을 위해 호수 주변을 매립해야 했다는
것이다. 1994년에 착공한 '청초호개발사업'은 강원국제관광

청초호 엑스포타워 속초에서 이동 중에 엑스포타워가 보이면 청초호 주변이라는 뜻
이다. 청초호를 보고자 하는 이들은 호수의 물결과 철새보다 이 타워를 먼저 볼 수 밖
에 없다.

엑스포가 열리는 1999년까지 완공하는 것을 목표로 하여, 약 41만 평의 호수를 매립했다.

엑스포타워를 비롯하여 간이휴게소와 여관, 각종 상업 시설을 유치하여 관광 유원지를 조성하려는 계획이었다. 당시 '속초환경운동연합', '설악녹색연합' 등 환경단체의 반발이 거셌다. 그렇지 않아도 1960년대 이후 어업활동으로 인한 폐수와 수십 년간 배출된 인근 주거지역의 오수로 더럽혀질 대로 더럽혀진 청초호 수질오염으로 호수 인근 생태계가 존립 위기에 처했기 때문이었다.

하지만 당시 호수 일부를 매립한 이래로 청초호는 지금까지 줄곧, 자연보다는 관광과 상업 쪽에 무게가 실린 채로 개발되고 있다. 지금 속초 사람들과 여행자들이 흔히 엑스포공원이라고 부르는 이곳 청초호엔 각종 맛집과 숙박업소, 그리고 대형마트가 두 곳이나 자리하고 있다.

시민들이 지켜낸 철새도래지

청초호의 자연을 지키고자 하는 움직임과 청초호를 개발하려는 움직임 사이의 대립은 이후에도 끊이지 않았다. 2017년에는 속초시에서 청초호유원지 내에 41층짜리 호텔을 건립

청초호 철새도래지 청초호를 개발해야 할 관광자원으로 보는 입장과 보존해야 할 자연으로 보는 입장은 오랜 시간 동안 맞서왔다. 철새도래지 뒤로 아주 가깝게 고층 아파트와 시내 전경이 보인다. 시내와 이토록 가까운 곳에 있는 철새도래지의 희귀하고 소중한 가치를 느낄 수 있다.

하기 위해, 유원지 층고 제한을 기존 12층에서 41층으로 변경하는 '청초호 유원지 세부 시설 조성계획 변경안'을 강원도 도시계획심의위원회에 제출했다가 부결되었다.

41층, 149m 높이의 호텔이 들어서고자 했던 장소는 다름 아닌 철새도래지 바로 뒤편이었다. 때문에 시민들과 환경단체들은 '청초호 41층 분양호텔 반대 시민대책위원회'를 세워서 이에 강력히 반대했다. 당시 시민단체가 속초시를 상대로 행정소송을 하였고, 속초시는 이례적으로 고문 변호사가 아닌 대형 로펌 변호사를 선임했지만 끝내 패소하였다. 결과적으로 41층 건물은 들어서지 못했고, 철새들은 그해에도 변함없이 청초호에 머물 수 있었다.

청초호는 시가지와 근접하면서도 철새도래지가 존재하는 매우 독특한 생태계를 가지고 있다. 곳곳에 벤치를 비롯한 시민들의 휴식 공간이 조성되어 있고 동시에 각종 멸종 위기 생물들의 인큐베이터 역할을 하는 곳이기도 하다.

특히 청초호의 철새도래지는 청둥오리, 쇠오리, 흰뺨검둥오리 등 32종 4,501개체의 철새가 찾아드는 매우 중요한 철새생태공원이다. 인공식물섬 10개, 횟대 6개와 자연생태계를 조망할 수 있는 망원경이 곳곳에 설치되어 있어 철새와 관련된 생태학습이나 생태체험을 위해서도 중요한 공간이다.

이처럼 청초호는 단순히 아름답고 경치 좋은 호수라는 개념을 훌쩍 넘어, 속초 사람들을 보듬고 품어온 공간이라고 할 수 있다. 어업 황금기에는 항구로 이용되었고, 이후에는 관광지 조성을 위해 매립되었으며, 수십 년간 속초 사람들의 모든 생활 찌꺼기를 받아내면서도, 놀랍게도 여전히 그 청명함을 잃지 않는 곳이다. 시가지에 밀접한 호수에 철새도래지가 있다는 사실은 우리에게 시사하는 바가 크다. 이곳 청초호가 앞으로 어떤 곳으로 지켜져야 하는지를, 어쩌면 마지막으로 알려주는 지표인 셈이다.

- **엑스포타워** : 1999년 국제관광엑스포 당시 지어진 이 타워는 현재 시민을 위한 전망대로 이용되고 있다. 전망대에 오르면 동해, 울산바위, 대청봉까지 볼 수 있으며, 저녁노을과 야경도 아름답다.
- **석봉도자기미술관** : 도예가인 석봉 조무호 선생의 도자기와 국내외 유명 도예가들의 도자기를 한자리에서 만날 수 있는 곳. 7개의 전시관을 돌아보며 도자기의 아름다움에 흠뻑 빠질 수 있다.
- **우동당** : 일본식 자루소바, 붓가케우동, 돈가스가 맛있는 곳. 붓가케에는 문어숙회, 간장에 절인 단새우 등을 고명으로 추가할 수 있으며 수란이 함께 제공된다. 두툼하지만 부드러운 돈가스는 아이들과 함께 먹기에도 좋다.

04 갯배선착장
속초와 속초를 이어주는 갯배

〈가을동화〉라는 드라마가 있다. 지금은 신파조의 다소 촌스러운 대사들이 먼저 떠오를 수 있지만, 불과 20여 년 전까지만 하더라도 한국에서, 아니 아시아에서 가장 인기 있는 드라마 중 하나였다. 〈가을동화〉의 주인공 은서가 살던 집이자 작은 가게인 '은서네집'을 기억하는가? 은서네집 앞 물길을 오가던 자그마한 배는? 직사각형의 널빤지처럼 생긴 배 위에 사람들이 옹기종기 올라타서 물길을 건너던 풍경은? 드라마 속 그 작은 배가 바로 갯배다.

버스까지 싣고 청초호를 건너던 갯배
갯배를 실제로 보면 마치 널빤지를 물 위에 띄운 것처럼 볼

가을동화 은서네집 갯배선착장에는 드라마 〈가을동화〉의 촬영지였던 은서네집 건물이 그대로 남아 여행객들을 반기고 있다. 속초의 중요한 교통수단에서 관광자원으로 변모한 갯배의 위상을 느낄 수 있게 해준다.

품없는 모양새 때문에 '무슨 저런 배가 다 있어?', '저것도 배야?'라고 생각하기 쉽다. 배에 탄 사람들이 직접 쇠갈고리를 들고 호수 바닥에 가라앉아 있는 쇠줄을 끌어당겨 배를 운행하는 모습 또한 기묘하기 짝이 없다. 그러나 사실 갯배는 보기와는 다르게 속초에서 굉장히 중요한 교통수단이었다. 이를 이해하기 위해서는 먼저 속초의 지리를 살펴봐야 한다.

속초 7번 국도가 생기기 전까지 청호동과 속초 시내(중앙동)는 단절되어 있었다. 바닷물이 고여 생긴 호수인 청초호가 청호동과 속초 시내를 나누고 있는 모습이었다. 물론 청호동에서 속초 시내로 걸어서 갈 수 없는 건 아니었지만, 버스나 자가용 등의 교통수단이 지날 수 있는 도로가 없었다. 그런 연유로 청호동에서 시내로 나가려면 다름 아닌 배를 타고 청초호를 건너야 했다. 반대로 시내에서 청호동에 갈 때도 마찬가지다. 그때 사용했던 배가 바로 갯배이다.

1932년부터 1937년 사이에 속초의 첫 항구를 개발하는 속초축항사업 공사를 진행했었는데, 당시에도 갯배가 사용되고 있었다고 하니 갯배의 역사는 생각보다 오래되었다. 청초호를 기점으로 단절된 두 땅 사이를 배를 타고 이동해야 했던 것이다.

당시 갯배는 지금과 모양은 비슷했지만 크기가 훨씬 더 컸다. 현재는 35명이 정원인 그야말로 자그마한 배지만, 당시에는 갯배에 버스까지 싣고 물을 건넜다고 한다. 청호동과 시내를 이어주는 도로가 없었던 탓에 버스가 청호동으로 가기 위해서는 갯배를 타고 물을 건너야 했다. 물론 그때 버스 또한 지금의 버스만큼 거대한 크기는 아니라서 갯배 위에 사람과 버스가 함께 타는 일이 가능했던 것이다.

그렇게 갯배는 한동안 속초의 중요한 교통수단이자 속초

의 공간적 단절을 이어주는 매개체였다. 심지어 청호동에서 청초호를 빙 돌아 시내로 진입할 수 있는 7번 국도가 놓인 이후에도 사람들은 여전히 갯배를 애용했다. 물론 자동차는 7번 국도 위를 달렸겠지만, 도보로 시내에 가야 할 때나 반대로 도보로 시내에서 청호동으로 가야 할 때는 갯배를 타고 물길을 건넜다. 청호동 주민들이 시장에서 장을 보거나 시내에서 일을 본 후에 두 손 가득 짐을 들고 갯배를 타고 귀가했다. 어린 학생들이 이미 출발한 갯배에 타기 위해 뛰어오르다 그만 물에 빠지는 풍경도 심심찮게 볼 수 있었다고 한다.

교통수단에서 문화적 상징으로

2012년에 청호동과 장사동을 한번에 잇는 설악대교와 금강대교가 개통되면서 교통수단으로서의 갯배, 공간적 단절을 메우는 존재로서의 갯배의 모습은 점차 희미해지기 시작했다. 이제 속초 시내에서 청호동이나 그 뒤편의 조양동으로 가야 할 때, 대부분의 사람들은 두 개의 다리를 건너 이동한다. 이 때문에 교통이 편리해졌다고 보는 입장도 있지만 갯배의 호시절을 그리워하는 이들도 있다.

현재 갯배는 속초의 관광자원으로 이용되고 있다. 설악대

예전 갯배(위)와 현재 갯배(아래) 속초 사람들의 주요 교통수단으로 사용되던 예전의 갯배가 나무로 만든 목선이었다면 관광객을 위해 운영되는 새로운 갯배는 FRP로 만들어졌다. 크기도 35명 정원으로 새로운 갯배가 훨씬 작다. 더 이상 사용하지 않는 예전 갯배는 이제 청초호 물위가 아닌 설악산 한가운데 놓여 있다. 속초시립박물관 야외 공간에 청초1호가 전시되어 있고, 갯배선착장에는 청초2호가 전시되어 있다. 위 사진은 속초시립박물관에 있는 청초1호의 모습이다.

교와 금강대교의 건축으로 인해 선착장 일대가 변화하면서 수로는 100m에서 60m가량으로 축소되었다. 이제는 주민들보다 관광객들이 주로 이용하는 탓에 사람들이 직접 배를 끌던 모습도 좀처럼 보기 힘들어졌다. 여전히 물 위를 천천히 떠다니는 직사각형의 납작한 그 특유의 모습만이 옛날 갯배의 모습을 그리워하는 이들을 위로해주고 있다.

중앙동에서 갯배를 타고 물을 건너 금강대교를 올라 다시 좁은 물길 하나를 건너면 컨테이너로 된 하얀 건물이 있다. 이곳의 이름은 '아트플랫폼 갯배'이다. 2016년 12월에 지역의 작가, 예술가, 행정가 그리고 주민이 힘을 모아 함께 설립한 복합문화공간이다. 오랜 시간 문화예술 인프라의 결핍을 느껴오던 속초시민들이 각종 전시와 공연이 상시 가능한 작은 문화공간을 설립한 것이다.

아트플랫폼 갯배는 엄상빈 사진작가 전시회, 전태극 사진작가 전시회, 동문성 전 속초시장의 신문기자 시절 사진전 등 꾸준히 지역 작가들의 전시를 지원해왔다. 런갯마당과 스노우합창단의 공연도 이뤄진 바 있다. 속초의 주민들이 직접 설립한 문화공간의 이름이 갯배라는 데에서, 갯배가 하나의 상징이 되어 이곳 사람들의 마음속에 단단히 뿌리내리고 있다는 것을 실감할 수 있다.

　과거에는 속초의 공간적 단절을 이어주던 갯배. 이제 사람들은 대부분 자가용을 타고 다리 위를 건너다닌다. 이따금씩 높은 다리 위에서 점처럼 작아진 갯배를 바라보고 있노라면, 직사각형의 그 배는 여전히 속초의 이쪽과 저쪽을 부지런히 오가고 있다. 어떤 편리함은 계속해서 어떤 수고로움을 기억나게 하는 것 같다. 이제 속초의 관광자원과 속초의 상징으로 남은 갯배는 그렇게 속초 사람들의 기억 속에 자신만의 네모난 자리를 마련해두었다.

05 수복탑과 수복로

북한으로부터 되찾은 땅을 기념하며

수복기념탑은 실향민들의 도시로 시작된 속초의 역사를 보여주는 가장 상징적인 장소다. 동명항 바로 옆에 위치한 수복기념탑(이하 수복탑)은 한국전쟁으로 실향민이 된 사람들의 마음을 달래고 통일을 염원하고자 1954년 5월 10일에 세워졌다. 탑의 형상에는 분단의 고통과 실향민의 슬픔이 응축되어 있다. 탑 위에 작은 모자(母子)조각상이 있는데, 어머니와 아들이 손을 잡고 북쪽을 향해 서서 저 멀리 고향을 바라보고 있는 모습이 인상적이다.

속초에 가면 반드시 지나게 되는 '수복탑'

수복탑은 두 번 세워졌다. 1983년 4월 27일 새벽, 동해안에 불어닥친 강풍으로 처음 세워졌던 모자상이 심하게 파손되었다. 같은 해 범시민적으로 수복기념탑복원건립위원회가 구성되었고, 동아서점 1대 대표인 김종록 씨가 위원장을 맡아 시민 성금을 모금해 11월 17일에 비로소 수복탑이 재건되었다.

현재 수복탑 주변에는 작은 공원처럼 나무들이 심어져 있고, 그늘에서 쉬어갈 수 있도록 벤치가 여러 개 놓여 있다. 다만 회전교차로 바로 옆에 있는 까닭에 많은 차들이 지나고 있어 실제로 수복탑을 방문하면 주위 풍경이 어수선하다는 느낌을 받을지도 모르겠다.

이 회전교차로는 동명항과 장사항으로 향하는 관광 인파와 각종 물류차량들, 금강대교를 넘어 청호동으로 향하는 자가용들, 그리고 시외버스터미널에서 출발한 택시들까지 여러 갈래로 뒤섞여 속초에서 교통이 가장 혼잡한 곳이라고 해도 과언이 아니다.

수복탑 건너편 부지에는 오징어 난전이 있다. 시기에 따라 여기에서 도루묵축제, 양미리축제 등의 지역 축제가 열리기도 한다. 그래서인지 속초에서 수복탑의 지리적 입지는 다른 지역 대부분의 기념비들이 조용하고 한적한 장소에 세워

수복탑의 모자상 1954년 처음 세워졌던 수복탑이 강풍으로 훼손되어 1983년 11월 17일 다시 세웠다. 복원된 탑에는 화강암 재질로 폭 4m, 높이 7m의 받침대에 높이 2.55m의 모자 동상을 세웠고, 탑 뒷면에는 '민족 통일'이라는 네 글자를 한자로 새겼다. 처음 세워진 모자상은 어머니와 아들이 북쪽을 바라보며 손을 잡고 서 있는 모습이었는데, 1983년에 새로 세워진 모자상은 아들이 손으로 북쪽 하늘을 가리키는 모습으로 표현하여 통일에 대한 굳은 의지를 역동적으로 보여주고 있다.

진 것과는 얼마간 차이가 있다. 대신 이러한 위치상의 연유로 공식적인 시내버스 정류장이기도 한 '수복탑 앞'은 속초 시민과 관광객을 불문하고, 보지 않고 그냥 지나치려고 해도 지나칠 수 없는 속초의 필수 배경이 되었다.

땅을 되찾은 것을 기념하는 '수복로'

수복탑에서 시외버스터미널 방면으로 한 블럭 건너 속초관광수산시장 쪽으로 길게 뻗은 길의 이름도 수복로다. 속초에서 수복이라는 명칭이 종종 눈에 띄는 이유는 실향민으로 대변되는 이 도시의 기원과 포개진다.

1945년 한반도가 미국과 소련에 의해 분할 점령되면서 38선이라고 불리는 군사분계선이 그어졌다. 한반도의 가운데를 가로지르는 선을 기준으로 속초는 남한에서 유일하게 38선의 위쪽에 있었으므로 소련군정의 관할, 다시 말해 이북지역으로 구분되었다. 이후 한국전쟁이 발발한 지 약 1년째 되는 1951년, 대한민국 국군이 속초지역을 되찾았다. 북한에서 되찾은 땅이라는 의미로 '수복'이다. 수복탑, 수복로, 수복지구는 모두 되찾은 땅을 기리는 말이다.

수복로는 일제강점기에 기찻길이었다. 1960년대까지도

일제강점기 기찻길의 흔적인 역사(驛舍)를 현 수복로의 끝자락에서 볼 수 있었다. 1960년대에 속초에서 학창시절을 보낸 사람이라면 당시 비어 있던 역사 안에서 숨바꼭질을 하며 놀던 기억이 있을 것이다. 그때 속초는 초가집이 대부분이었는데, 역사는 유일한 일본식 근대 건축물이었기 때문에 굉장히 이질적인 공간으로 느껴졌다고 한다.

1960년대 이후 수복로는 철둑길을 따라서 오징어 건조덕장이 쭉 늘어선 길로 변했다. 기찻길을 사용하지 않게 되

속초시립박물관으로 옮겨진 옛 속초역사 건물 1941년 세워진 동명동 450−195번지에 있었던 속초역사. 북한 땅의 원산과 양양을 잇는 동해북부선이 지나던 속초역사는 38선 이북지역에 속해 북한의 통제 하에 있었고, 휴전 후 1950년대에는 미군항만사령부의 취사장과 댄스홀로 사용되기도 했다. 동해북부선의 철로가 가로막히면서 속초역사 역시 제 기능을 잃고 1978년 끝내 철거되었다.

면서 기실 버려지다시피 하여, 한동안 무허가 건물들이 늘어선 빈민촌이 되기도 했다. 수복로는 줄곧 철도 부지로 남아 있다가 2000년대에 아스팔트 도로가 새로 생겨났다.

사라져가는 정겹고 낮은 풍경들

오늘날의 수복로는 예스러운 골목과 낡은 집들이 여전히 남아 있는 한편, 현대식 건물들이 새로이 들어서며 다소 서먹서먹한 분위기를 자아낸다. 특히 장미터널이 시작되는 속초초등학교 정문 앞 거리에서부터 교동우체국까지의 거리는 속초의 옛날과 현재가 공존하는 묘한 매력을 품고 있다.

속초초등학교 맞은편으로는 '커피벨트(Coffee belt)'라는 이름의 속초 1세대 핸드드립 카페가 자리하고 있다. 카페의 고동색 폴딩도어 앞을 지날 때마다 풍기는 짙은 커피 냄새가 왠지 모를 신뢰감을 준다. 카페로부터 1분 남짓 걷다 보면 '개점 1956'이라는 문구가 먼저 시선을 끄는 하얀색 '동아서점' 건물이 보인다. 63년째 운영되고 있는 속초의 동네서점이다. 서점 맞은편에는 요새 들어 맛보기 힘든 옛날식 즉석떡볶이 전문점 '조롱박'이 빨간 간판을 달고 있다. 조롱박 옆으로는 옛날 간판을 그대로 사용하고 있는 오래된 이발소도 눈에 띈다. 서점과 카페, 작은 식당 등 차분히 수복로의 문화를 가꿔가고 있는 가게들 사이로 색이 바랜 기와지붕과 금이 간 낡은 담벼락이 군데군데 보여 정겹다.

최근 불과 2년 동안, 남아 있는 몇몇 공터와 오래된 집들이 철거되고 원룸과 오피스텔, 아파트 같은 고층 빌딩이 사방에 분별없이 축조되고 있다. 동아서점 옆으로는 20층에 육

수복로의 오래된 이발소 빛바래고 덧칠한 간판에서 건물의 세월이 느껴진다. 예스러운 골목과 건물들은 수복로의 정취를 더하는 소중한 풍경들이다.

박하는 고층의 주상복합빌딩이 지어졌으며, 그 빌딩과 서점 건물 사이 자동차를 세로로 두 대 이상 대기도 힘든 좁은 공터에 또 한 채의 아파트가 건축되고 있다. 속초시의 무분별한 건축허가로 인해 자연경관이 훼손되는 것을 우려한 시민들은 거센 반대의 목소리를 내고 있다. 함부로 흉내낼 수 없는 예스러운 도시 구석구석의 아름다움이 사라지고 있는 탓에 수복로의 얼마 남지 않은 낮은 풍경들이 더없이 소중하다.

06 칠성조선소
살롱과 뮤지엄으로 재탄생한 산업의 현장

속초에는 오래된 조선소를 카페로 개조하여 관광객들의 발
길이 끊이지 않는 곳이 있다. 입구에 들어서면 낡은 건물 안
에 목선 한 척이 놓여 있고, 대문에는 '칠성조선소 살롱 오픈'
이라는 팻말이 붙어 있다. 배가 드나들던 녹슨 철길 위에서
여행 기념사진을 찍는 사람들도 보인다. 배경으로 넓게 펼쳐
진 청초호와 저 멀리 동해로 트인 물길을 보면, 당장 배가 정
박해도 될 것만 같다. 많은 사람들이 칠성조선소의 커피를 마
시며 오래된 풍경의 일부가 되기 위해 이곳을 찾는다. 하지만
불과 얼마 전까지만 하더라도 칠성조선소는 배를 만들고 수
리했던 속초의 대표적인 조선소이자 산업의 현장이었다.

배 목수들의 황금기

한때 속초에도 여느 어업도시 못지않게 조선소가 많았다. 그러나 지금은 딱 두 곳만이 남아 있다. 칠성조선소를 만든 1대 대표 최칠봉 씨의 고향은 원산이다. 젊은 시절 남만주에 징용되었고 그때 배 만드는 기술을 배웠다고 한다. 그는 한국전쟁이 발발하자 부산으로 피란했었는데, 종전되었다는 잘못된 소문을 듣고 고향으로 돌아가려다가 그만 휴전선에 가로막혀 속초에 터를 잡게 되었다. 그렇게 고향을 눈앞에 둔 채 속초에 정착했던 때가 1952년, 그는 청초호 근처 습지를 메우고 '원산조선소'를 세워 배를 만들기 시작했다.

수많은 피란민들이 속초에 터를 잡았다. 그들 대부분은 배를 타고 고기를 잡으며 생계를 유지했고, 최칠봉 씨처럼 그들이 타는 배를 수리하거나 새로운 배를 만드는 사람들도

옛 모습이 그대로
남아 있는
칠성조선소의 모습

1950년대 배 목수들이 목선을 건조하는 모습 목선은 한옥이나 목조 건축과 다르게 나무를 구부리는 기술이 핵심이다. 그리고 나무 사이로 물이 스며들지 않아야 한다. 배 목수는 집을 짓지만 집 목수가 배를 못 만드는 차이가 여기 있다. 공장에서 대량으로 찍어내는 플라스틱 배(FRP)가 나오면서 목선과 함께 배 목수도 사라지고 있다.

있었다. 1950년대 후반부터 1960년대에 이르기까지 속초의 어획량은 가파르게 증가했다. 고기잡이를 위해 속초로 이주하는 사람들이 많았을 정도였다. 그때를 수산업의 황금기로 기억하는 사람들이 대부분이겠지만, 실은 '배 목수들의 황금기'이기도 했다. 배 목수들이 돈을 가장 많이 벌었던 시기가 바로 이때, 1960년대였다. 돈뿐만 아니라 그들이 지닌 위력 또한 대단했다. 배 목수들이 리어카를 끌고 어판장 근처를 지나기라도 하면, 어민들이 자신의 배를 부탁하며 리어카 한 가득 생선을 채워주었다고 한다. 그야말로 배 목수들의 황금기이자 조선업의 황금기였다.

2대가 일궈낸 칠성조선소의 르네상스

최칠봉 씨의 아들 최승호 씨와 며느리인 이해경 씨 부부가 2대째 칠성조선소를 맡았을 때는 상황이 예전 같지 않았다. 1970년대 중반, 1대 대표 최칠봉 씨가 세상을 떠난 후 그의 아내 김정열 씨 혼자 조선소를 운영하는 것이 녹록지 않았다. 그런 연유로 서울에서 직장생활 중이던 최승호, 이해경 씨 부부가 칠성조선소 운영에 합류하게 되었다. 수십 년간 쉼 없이 사용해 온 조선소의 설비가 노후화되었던 게 가장 큰 문제였다. 그들은 무엇보다도 먼저, 조선소의 오래된 설비를 개선하고 수리하는 데 힘을 쏟았다.

1990년대 들어서면서 칠성조선소는 다시 위기를 맞는다. 국가적으로 목선을 폐선하길 권장하고 플라스틱 배를 지원하기 시작했다. 줄곧 목선을 제작해왔던 칠성조선소였기에, 이젠 다른 방도를 찾지 않으면 안 되는 상황이었다. 이때 최승호, 이해경 부부는 신속한 판단력을 발휘하여 '철선'으로 종목을 변경했다. 칠성조선소는 강원도에서 유일하게 철선과 여객선을 제작하거나 수리할 수 있는 조선소로 자리매김하며, 금세 위기를 새로운 기회로 바꿔냈다. 그렇게 2000년대 초반까지 최승호 씨는 온갖 어려운 상황 속에서도 칠성조

옛 조선소의 흔적들 닻은 얕은 바다나 강가에 배를 정박시킬 때 사용하는 도구이다. 물속에 있어야 할 닻이 육지에 놓여 있는 모습이 속초 조선업의 현재를 보여준다.

선소의 르네상스를 이끌었다.

지속가능한 꿈을 꾸는 사람들

최승호, 이해경 부부의 아들 최윤성 씨의 키가 온전히 자랐을 때는 칠성조선소의 부흥이 다시금 사그라지던 시기였다. 그가 어렸을 때부터 부모님에게 들어왔던 말은 다음과 같았다. "조선소 일은 절대 하지 말아라." 하지만 최윤성 씨는 누군가에겐 일터였을 그 공간에서 시간이 가는 줄 모르고 땀 흘리며 뛰어놀았으며, 조선소 옆 작은 가정집에서 매일 세수를 하고 잠자리에 누웠다.

그가 대학 조소과에 진학하고, 선박 제작과 디자인을 공부하러 미국에 갔던 것은 어쩌면 오랫동안 그의 몸에 새겨진 시간이 그렇게 이끌었던 게 아니었을까. 그는 모르는 사람들만 가득한 타지에서 매일 아침부터 저녁까지 그저 배를 만들었다. 그때 그는 살아오면서 처음으로 행복하다는 생각을 했고, 배 만드는 일을 평생의 업으로 삼기로 결심했다.

한국에 돌아온 최윤성 씨는 근근이 운영되고 있던 칠성조선소에 혁신을 도모하고자 아내 백은정 씨와 함께 '와이크래프트보츠(YCraftBoats)'라는 회사를 세워 레저선박사업을 새

바다 쪽에서 바라본 현재 칠성조선소의 모습 **칠성조선소는 현재 커피를 파는 살롱과 각종 공연, 전시가 이루어지는 뮤지엄으로 운영되고 있다. 지금의 칠성조선소를 찾은 사람들은 배가 정박했던 작은 항구와 철길에 걸터앉아 커피를 마시고 사진을 남긴다.**

로이 시작하기로 결정했다. 유학 시절 집집마다 창고를 두고 온 가족이 함께 직접 배를 수리하거나 배를 타며 여가를 즐기는 모습을 본 것이 강렬한 인상으로 남았다고 한다. 그가 새로 시작한 와이크래프트보츠는 2014년에 R&D 사업에 발탁되어 중소기업진흥공단의 지원을 받아 2014년부터 카누와 카약 개발에 착수했다. 그러나 같은 해 세월호 참사가 일어나면서 온 국민에게 커다란 충격과 상처를 남겼고, 해양레저 산업도 상당한 타격을 입게 되었다. 와이크래프트보츠가 이제 막 세상 앞에 고개를 내밀려고 할 무렵 공교롭게도 검은 그림자가 드리우게 되었던 것이다.

최윤성, 백은정 부부는 낙담하지 않고 새로운 대안을 고민했다. 그리고 그들은 이런 생각에 이르렀다. "내가 어릴 때부터 뛰어놀았던 이곳에서, 사람들과 함께 뛰어놀 순 없을까?" 2017년 그들은 칠성조선소의 모습, 그러니까 일터의 모습을 고스란히 놔둔 채로, 스무 살이 되기 전까지 살아온 집을 작은 카페로 개조했다. 그곳을 '칠성조선소 살롱'이라고 부르기로 했다. 배를 만들거나 수리하던 공간을 배를 전시하는 공간으로 바꿨다. 그곳은 '칠성조선소 뮤지엄'이라고 이름을 붙였다. 2018년 봄에는 아홉 팀의 국내 뮤지션을 초대해

'칠성조선소 뮤직페스티벌'을 열었다. 사람들은 배가 드나들던 녹슨 철길 위에 서서 음악을 들으며 춤을 췄다. 바닥에는 자갈이 가득했고, 뒤로는 호수와 바다가 펼쳐져 있었다.

　현재 칠성조선소는 과거와는 전혀 다른 목적을 지닌 사람들로 가득하다. 사람들은 속초 조선업의 역사이자 배 목수들의 일터였던 칠성조선소 여기저기에 앉아 커피를 마시며 경치를 감상하고 사진을 촬영한다. 지금 3대째 칠성조선소를 만들어 가고 있는 최윤성, 백은정 부부는 살롱(카페) 안에서 커피를 내리고 손님을 맞이하느라 분주하다. 그러다가도 누군가 배에 관해 물어올 때면 그들은 어느새 반짝거리는 눈망울을 하고 배에 관한 이야기들을 들려주거나, 그들이 얼마 전까지 만들던 카누와 카약을 소개한다. 그들은 칠성조선소를 카페라고 부르지 않는다. 어릴 적 이야기하던 그대로 '공장'이라고 부른다. 그들은 머지않아 다시 배를 만들기 시작할 거라고, 꼭 그럴 거라고 이야기한다.

07 영랑호

신라시대 화랑도 반한 호수

속초라는 지명을 듣고 어떤 장소나 배경이 머릿속에 그려지
느냐고 묻는다면 대부분의 사람들은 첫째로 바다를 떠올릴
것이다. 파랗다 못해 새파랗게 끝없이 펼쳐진 동해 말이다.
그 다음은 아마도 산 아닐까? 등산객뿐만 아니라 외국인들에
게도 제법 유명한 설악산은 속초의 등허리를 뒤에서 받쳐주
고 있는 든든한 버팀돌과 같다. 하지만 내겐 아니었다. 그러
니까 속초에서 20년 이상 살아온 내게 이 도시를 떠올릴 때
가장 먼저 생각나는 자연은 바다도 산도 아니었다. 나에게 있
어 속초의 첫 번째는 호수이며, 그 호수의 이름은 영랑호다.

일상의 일부가 된 호수

영랑호가 나에게 있어 속초를 표상하는 첫 번째 이미지라는 사실이 그곳이 내게 낭만적인 장소라는 뜻은 아니라는 걸 먼저 밝혀두고 싶다. 오히려 그 반대에 가깝다. 열세 살이 되던 무렵 우리 가족은 영랑호에서 도보로 5분 거리에 위치한 작은 아파트로 이사했다. 그때부터 영랑호는 좋든 싫든 어렸던 나와 내 앞에 놓인 수많은 계절을 함께 지낼 운명에 처했던 것이다.

누구나 유년 시절을 떠올리면 구겨진 기억들이 제일 먼저 기지개를 켜듯이 나 역시 영랑호 인근에서 보낸 어린 시절에 벚꽃 날리는 따뜻한 봄의 기억은 드물다. 영랑호는 늘 너무 덥거나 너무 추웠고, 밤에는 수풀 사이를 휘감는 매서운 바람 소리를 듣는 것만으로도 마음이 따가웠다.

장사항 앞 바닷물이 고여 만들어졌다는 이 호수를 처음 인지한 것은 부모님 때문이었다. 성실함 중에서도 아침에 일찍 일어나는 성실함을, 아침에 일찍 일어나는 부지런함 중에서도 격렬한 운동으로 아침 문을 여는 것을 제일로 여기던 부모님은 이사한 아파트 인근의 널찍한 호수를 그들의 아침 운동 장소로 삼았다.

그뿐이라면 좋았으련만 어릴 때부터 잔병치레가 많았던 나는 당신들의 아침 운동에 꼼짝없이 동반되어야 했다. 새벽 6시가 채 되기 전에 대충 운동복을 입고 부모님과 함께 집을 나설 때면 어김없이 미간을 찌푸린 채 못마땅함의 표시로 발걸음을 질질 끌었다. 물론 그래도 소용없었다. 고등학생이라는 신분을 얻고 각종 시험을 핑계로 아침 운동에서 벗어날 수 있게 되기 전까지, 한동안 나는 영랑호의 찬 새벽 공기를 마시며 수면 부족의 하루를 시작해야 했다.

신라 화랑을 매혹했던 호수

『삼국유사』의 기록에 따르면 신라시대 화랑인 '영랑'이 이곳을 지나가다 맑고 잔잔한 호수와 그 뒤편에 누워 있는 웅장한 설악산의 모습에 매료되어 오랫동안 이곳을 떠나지 못했다고 한다. 영랑호의 어원에 대해 이야기할 때 가장 빈번하게 인용되는 이야기다. 호수 중간쯤 가다 보면 '화랑도 체험 관광단지'라는 화랑도의 수련 방식을 간접 체험할 수 있는 테마 공간이 버젓이 있을 정도이니 이 풍경의 역사가 얼마나 오래되었는지 감히 가늠하기도 어렵다.

오랜 옛날 누군가는 아름다운 호수의 모습에 매료되어 이곳을 넋 놓고 바라보았다고 하는데, 2000년대에 청소년기를 보낸 누군가는 창문을 열면 보이는 풍경이라곤 영랑호뿐이라서 하염없이 그 풍경을 바라보곤 했던 것이다. 시험을 망치거나 친구와 다투고 집에 돌아온 날, 또는 특별한 까닭도 없이 마음속에 어둠이 가득 찬 날이면 그런 풍경을 바라보는 일이 조금은 마음을 누그러뜨리곤 했다. 그렇게 해가 세 번 넘어간 뒤 스무 살이 되면서 나는 대학을 빌미로 서울로 떠났고, 자연스레 영랑호와도 이별했다.

다시 영랑호를 만난 건 무려 9년이 지난 스물아홉 때였다. 오랜 세월 서점을 운영하며 가족의 생계를 책임져온 부모님의 뒤를 이어 서점을 맡으러 속초에 돌아왔다. 모든 것이 내가 생각했던 것들과 달랐다. 서점 일에 관해 조금이나마 품었던 안일한 기대와 달리 일은 고된 노동의 연속이었고, 고향의 따뜻함도 잠시, 친구들은 서울에서 자신만의 경력을 쌓거나 하고 싶은 일에 도전하며 스스로를 갱신하고 있는데 나 홀로 덩그러니 이곳에 있다는 사실에 외로워졌다. 대도시의 각박함으로부터 벗어나고 싶어 품었던 애초의 흥분은 머지않아 스스로의 그림자를 바라보며 다스려야 하는 일시적인 감정의 이탈일 뿐이었다.

영랑호의 범바위 영랑호 주변에는 바위가 많다. 그중 범바위는 속초팔경 중 제2경으로 호랑이가 웅크리고 호수를 바라보고 있는 모습 같다고 해서 붙여진 이름이다. 범바위는 영랑정이라는 정자 바로 옆에 있어 찾기가 쉬우며 범바위에 오르면 속초를 한눈에 조망할 수 있다.

한자리를 꿋꿋이 지킨다는 것

그때 영랑호를 다시 만났다. 별다른 생각도 없이 우연히 산책을 하려던 것이었는데 발걸음이 자연스레 그곳으로 향했다. 너무도 지쳐 있던 탓일까? 어린 시절 지겹게 느껴지던 호수의 모습은 온데간데없이 모든 풍경이 새롭고 온화하게 느껴졌다. 보송보송하게 피어난 버들강아지들, 저 멀리 뒤편으로 보이는 설악산 봉우리와 그 위에 어렴풋이 덮인 새하얀 눈. 호수 주변의 얼음이 차츰 녹기 시작하는 3월이었는데 호숫가를 산책하는 사람들도 예전에 비해 사뭇 많아진 듯했다. 내친김에 범바위 꼭대기까지 올랐다. 그 위에 오르면 속초가 한눈에 내려다보였던 기억이 떠올라서였다. 10년이 넘도록 올라본 적 없는데도 바위의 어느 부분에 발을 디뎌야 꼭대기까지 오를 수 있는지 몸이 세세히 기억하고 있었다.

영랑호를 걷는 동안 어릴 때 봤던 풍경과 맡았던 냄새, 들었던 소리가 파노라마처럼 끊임없이 머릿속을 스쳐 지나갔다. 그러는 동안 나는 열세 살의 나였다가, 열여덟의 나였다가, 다시 스물아홉의 나였다가를 반복했다. 문득 아주 오랜 시간 누군가 내 옆에 무릎깍지를 하고 하염없이 앉아 있었던 것만 같았다. 그렇게 누군가는 변하지 않고 자신의 일을 하는 것만으로 다른 누군가에게 위안을 주는구나 생각했다. 겨울이 오면 얼음이 얼고 봄이 오면 다시 물이 녹아 새들의 거처를 준비하는 일을 반복하면서 영랑호는 얼마나 많은 사람들이 이곳을 찾았다가 떠나는 모습을 보았을까.

영랑호만 그 자리 그 모습 그대로인 줄 알았건만 부모님 또한 그대로였다. 당신들은 여전히 새벽 일찍 집에서 나와 영랑호를 뛰고 걷고 공기를 들이마시며 하루를 시작했다. 손님이 오든 오지 않든 가게 문을 열고 먼지를 쓸어내고 바닥을 닦았다. 아버지는 여전히 매운 음식을 먹으면 재채기를 했고, 어머니는 여전히 뜨개질을 해서 손주들이 입을 옷을 만들었다.

물론 모든 게 예전과 같을 순 없었다. 아버지는 점점 핼쑥해지며 그나마 남아 있던 하얀 머리칼마저 듬성듬성해졌다. 어머니는 조금만 일을 해도 금세 몸의 근육이 풀려버린다. 그들은 옛날의 모습을 찾아보기 힘들 만큼 노화했지만 여전히 옛날과 똑같은 일을 하고 똑같은 행동을 되풀이한다. 마치 자신들만은 변치 않을 거라고 굳게 믿고 있는 사람들처럼, 혹은 그런 식으로 누군가에게 믿음을 주려는 사람들처럼. 그래서 내가 속초를 떠올릴 때 가장 먼저 영랑호를 머릿속에 그리는 건, 어쩌면 오래오래 변하지 않는 것들을 생각하는 일과 같다고, 그런 것들이 세상에 계속해서 존재할 수 있도록 그들을 믿고 지켜내는 일이라고 말하게 되는 것이다.

····· **더 보기 : 영랑호 주변 둘러보기** ·····················

- **습지생태공원** : 영랑호의 중간 지점에서 만날 수 있는 습지생태공원은 약 30종의 식물과 습지 생물들을 관찰할 수 있는 곳으로, 산책로를 따라 걷기 좋다.

- **범바위** : 호랑이를 닮았다고 해서 범바위라는 이름이 붙여졌다. 속초팔경 중 하나일 만큼 커다란 돌이 기이하고도 신비로운 형상을 하고 있다. 돌계단을 따라 올라갈 수 있으며 바로 옆에 잔디밭이 있어 소풍을 즐기기에 좋다.

- **화랑도체험관광지** : 전문가의 지도 아래 말타기와 활쏘기 등의 화랑도체험을 할 수 있는 곳이다. 매년 가을에는 세계승마대회가 열리며 무료로 관람도 가능하다.

- **카누체험장** : 실제로 카누 선수들이 영랑호에서 연습을 하거나 경기를 하도록 마련된 곳으로, 여름철 약 한 달 동안 일반인들이 카누체험을 무료로 할 수 있다.

- **스토리자전거** : 범바위 근처에 있는 스토리자전거는 둘레 8km 가량의 영랑호를 온전히 체험하고 싶은 사람에게 좋은 선택이 될 것이다. 어린이나 노약자를 동반한 경우 전동자전거에 몸을 맡기고 전문 해설사가 들려주는 영랑호의 다양한 이야기를 들으며 파노라마처럼 펼쳐지는 풍광을 감상할 수 있다.

- **보드니아** : 직접 로스팅한 12종의 원두로 커피를 내리는 영랑호 수변의 카페. 원두도 구입이 가능하다.

08 보광미니골프장
세상에 하나뿐인 특별한 골프장

'미니골프'라는 말을 들어보았는가? 들어봤다면 혹시 미니골프를 경험해본 적은 있는가? 현재는 국내에 남아 있는 곳이 몇 되질 않아 생소하게 느끼는 사람이 대부분일 것이다. 속초의 영랑호에는 보광사라는 작은 절이 하나 있다. 보광사로 들어가는 길목에 서면 보광미니골프장이라는 간판이 보인다. 우거진 커다란 소나무들과 오래된 담벼락이 그간의 세월을 짐작케 한다.

어디에도 없는 특별한 게임 규칙

보광미니골프장은 1963년에 평양 출신의 이춘택 씨가 만든 공간이다. 그는 1·4 후퇴 때 속초로 왔다가 자리를 잡은 실향

울창한 소나무숲에 위치한 보광미니골프장 외관 **알록달록한 보광미니골프장의 간판 위로 파란색으로 새로 칠한 창틀과 새 간판이 보인다. 한편 예전 모습을 그대로 둔 왼편 갈색 창틀과 슬레이트 지붕은 건물의 역사를 느끼게 한다.**

민이다. 중앙시장에서 '아스라양행'이라는 이름의 잡화점을 운영하다가, 5·16 군사정변 이후 외제품의 수입 및 판매가 금지되면서 가게를 접을 수밖에 없는 상황이 되었다. 살길을 찾으려 고민을 거듭하던 이춘택 씨가 택한 업종은 식당도 금은방도 세탁소도 아닌 바로 미니골프장이었다. 원산 송도해수욕장에 미니골프장이 있다는 이야기를 듣고 골프를 이용한 놀이공간을 만들어보자는 생각을 한 것이다.

골프채와 골프공을 이용한 놀이라는 점에서 골프와 소재

는 같지만, 이춘택 씨가 만들어낸 공간은 유일무이한 골프장이었다. 그가 만든 미니골프장의 게임은 기존의 미니골프의 틀을 벗어난 것이었다.

현재 국내에 남아 있는 몇몇 미니골프장을 방문해 보면 모두 인조 잔디를 이용해 코스를 만들거나, 시멘트 보드를 이용해 코스를 설계한 공간들이다. 반면 보광미니골프장의 코스들은 콘크리트 미장으로 만들어졌다. 사람이 일일이 손으로 미장한 것이다. 공이 굴러가는 길목이 공장에서 찍어낸 것처럼 평평하지 않고 홀(구멍)의 모양도 일정치 않다.

고작 그것만이 보광미니골프장의 특이한 점이냐면 그렇지 않다. 이곳에서 가장 중요한 건 바로 홀이 한 개가 아니라는 점이다. 다른 모든 미니골프장이 코스마다 1개의 홀을 가지고 있어 홀에 공을 최소 타수로 집어넣는 게 목표가 되는 게임인 반면에, 보광미니골프장은 코스마다 홀이 여러 개 있다. 게다가 각 홀마다 점수도 다르다. 그저 신속하게 공을 홀에 집어넣는다고 끝이 아니라, 어떤 홀에 어느 길목을 지나서(혹은 피해서) 공을 넣느냐에 따라 점수 차이가 발생하는 까닭에 여러 경우의 수에 따른 점수를 계산해야 한다. 그렇기에 이곳의 미니골프는 필드 골프의 축소판이 아니고, 필드

골프와는 전혀 다른 방식의 게임이다.

승부욕을 자극하는 개성 만점 코스들

구불구불하고 약간의 굴곡이 있는 코스들. 섬세하다고 해야
할지 기묘하다고 해야 할지 자꾸 승부욕을 자극하는 매력적
인 코스들. 현재 보광미니골프장의 코스는 총 17개이다. 개
점 당시에 9개의 코스로 시작했던 것이 1971년에 이르러 현

미니골프를 즐기는 사람들 총 17개의 코스는 제각각 다른 형태로 이루어져 있다. 이곳에서는
어릴 적 추억을 되살리는 중장년과 미니골프를 처음 경험하는 아이들이 한데 어우러져 왁자지껄
즐거운 시간을 보낸다.

재의 모습을 갖춘 총 17개의 코스로 완성되었다.

　폭이 좁아서 겨우 공 하나가 굴러갈 수 있는 코스 '단일로'
(1번 홀)부터 공이 언덕을 타고 올라가 꼭대기에서 경치를 감
상한다는 뜻의 '등경탑'(4번 홀)까지, 이곳 코스들은 그 이름
에서부터 각별하다. 그중 가장 두드러지는 이름은 다름 아
닌 17번 홀의 이름 '아폴로'다. 다른 코스들이 한자어로 이루

8번 삼성구 코스 안내 팻말　야외 소나무 등에 걸린 다른 코스들의 팻
말은 오랜 시간 비와 바람에 노출되어 낡아 새롭게 단장되었다. 8번 삼
성구 팻말은 건물 처마 밑에 달려 있었던 덕분에 옛 원형을 간직하고
있다. '코스 레일에 발을 얹게 될 경우 −5점 감점'을 옛 일본어식 표현
그대로 적은 '네루에 발을 언졌을 때 −5점 제함'이라는 문구가 정겹다.
요즘은 목판에 글씨를 적어서 간판을 만드는 곳이 없어 예전대로 제작
할 수도 없다고 한다.

어진 이름인 반면 마지막 코스인 이곳만 외래어로 된 이름을 갖고 있다.

마지막 코스의 이름이 지어진 경위는 놀랍게도 정말로 아폴로 11호와 관련이 있다. 1969년에 아폴로 11호가 달에 착륙했는데, 그걸 본 이춘택 씨가 1년 후에 코스를 설계하면서 이름을 아폴로라고 지은 것이다. 공이 굴러가는 모습이 마치 아폴로 11호가 달에 착륙하는 모양새와 흡사하다고 해서 그렇게 불렀다고 하는 설도 있다.

원래 골프는 18홀인데 왜 17홀까지만 있냐고? 18홀은 바로 '홀(hall)'이라고 부르는 휴게소다. 보광미니골프장 안에 마련된 작은 휴게공간의 이름이 홀이다. 이곳을 만든 이춘택, 김기화 씨 부부도 실제로 그렇게 불렀다고 한다. 이곳 홀의 역할은 말 그대로 쉼터이자 먹고 마시는 일이 이루어지는 장소이다. 지금도 이곳에서 직접 조리한 감자전과 막걸리를 맛볼 수 있고 간단한 다과나 음료를 섭취할 수 있다.

24시간 운영되던 속초시민들의 놀이공간

시간을 조금 거슬러 올라간 1960~80년대에 보광미니골프장 주위는 모두 솔밭이었다. 속초시민들이 놀러갈 만한 마땅한 장소가 없었던 탓에 시내에 있는 학교들은 몽땅 소나무 그늘이 있는 이곳으로 소풍을 왔다. 당시 속초의 유일한 유원지가 바로 영랑호이고, 영랑호에 오면 세상 그 어디에도 없는 유일무이한 게임을 즐길 수 있는 미니골프장이 있었으니, 당시 이곳을 찾는 손님들의 수가 어마어마했다고 한다.

특히 1982년에는 처음으로 통금이 해제되면서 24시간 내내 쉬지 않고 손님이 몰려들었고, 손님들의 요구로 막걸리, 맥주 등의 주류와 간단한 안주거리를 조리해 판매하기 시작했다. 당시에는 놀이를 즐기며 뭔가를 먹을 수 있는 장소가 당구장 외엔 없었다. 가장 성업하던 시절에는 이곳의 주류와 안주류의 판매량이 속초의 어느 식당보다도 높았을 정도다. 그렇게 현재까지도 보광미니골프장은 몇 종류의 주류와 안주를 맛보며 미니골프를 즐길 수 있는 독특한 공간으로 남게 된 것이다.

그러던 보광미니골프장에도 서서히 세월의 그늘이 드리워지기 시작했다. 놀이문화가 다양해지고 놀이공간들도 현대화되면서 미니골프장의 존재도 사람들의 우선순위에서 밀려나게 되었던 것이다. 여름밤 에어컨이 없는 야외에서 골프채를 잡는 사람들은 이제 찾아보기 힘들어졌다. 끊이질 않는 사람들의 발길로 24시간 밤낮없이 일해야 했던 나날은 어느새 먼 옛날처럼 눈앞에서 흐려져갔다. 사람들은 모기가 없는 곳으로, 다양한 먹을거리가 있는 곳으로, 편히 앉아서 놀 수 있는 곳으로 하나둘씩 가버렸다.

옛날을 고스란히 품고 있는 공간

2006년 보광미니골프장의 모든 것들을 손수 만든 1대 대표 이춘택 씨가 별세하면서 골프장엔 무거운 정적이 찾아왔다. 홀로 골프장을 운영하는 김기화 씨를 돕기 위해 서울에 거주하던 아들과 며느리가 주말마다 속초에 와서 일을 도왔다. 손님이 아예 끊긴 건 아니었지만, 예전만큼 사람들의 웃음소리로 꽉 찰 일은 좀처럼 없었다. 창틀도 수돗가도 골프채도 서서히 나이 들어갔고, 골프장 안을 가득 채운 수십 그루의 소나무들도 세월과 함께 무심히 자랐다.

2015년에 김기화 씨마저 눈을 감으면서 이창배, 조혜련 씨 부부는 거처를 서울에서 속초로 옮기기로 결정했다. 평생 골프장에서 살고 일했던 부모님처럼 자신들이 이 공간을 이어받아 운영하기로 결심했던 것이다. 아름다웠던 과거의 시절로부터 이미 너무 많은 시간이 흘렀고 이창배, 조혜련 씨

부부도 그런 현실을 외면한 채 꿈에 부풀만한 나이는 아니었
지만, 그래도 부모님이 평생을 바친 이 공간만은 지켜내고
싶었다.

이창배, 조혜련 씨 부부가 부모님의 뒤를 이어받아 운영
중인 지금의 보광미니골프장은 말 그대로 옛날을 고스란히
품고 있는 공간이다. 소나무를 해쳐선 안 된다는 이춘택 씨

옛날을 고스란히 품고 있는 보광미니골프장 보광미니골프장에는 이제는 학교에서도 좀처럼
보기 힘든 사각형의 타일로 마감된 작은 수돗가가 있고, 각 코스들에는 서툴지만 정확한 글씨로
코스의 이름과 점수가 적혀 있다. 오래된 나무문을 열고 매점으로 들어가면 옛날 그대로의 냄새
가 난다. 옛날의 감성을 뽐내기 위해 인테리어를 꾸미고 소품들로 장식한 게 아니라, 주판, 연필
깎이 같은 옛날부터 존재하던 모든 것들 위에 시간이 그대로 쌓여 복제 불가능한 정취를 만들어
낸다.

의 신념으로 인해 골프장 안의 건물들 천장으로는 죄다 소나무가 구멍을 뚫고 하늘로 솟아 있다.

지금도 먼 지역에서 이곳을 찾는 단골손님이자 미니골프 마니아들이 적지 않다. 주말 이틀 동안 하루 종일 머물며 무려 일곱 게임을 치고 가는 분들도 있다. 그분들에게 이유를 물어보면 대답은 늘 한결같다. 어딜 가도 이것보다 재밌는 게 없다고. 처음에는 대체 이게 골프인지 게이트볼인지 어리둥절해 하다가 일단 한번 쳐보면 세상에서 이렇게 재미있는 놀이는 처음이라고 이야기하게 되는 마법의 골프라고. 코스 미장이 섬세하고 기묘하게 되어 있어, 공이 들어갈 것 같다가도 빙글빙글 돌면서 안 들어가는 걸 보면 과학적이라고까지 이야기하게 되는 놀이라고.

국내 여러 지역에서 이곳을 모방한 형태의 미니골프장을 만든 적이 있었으나, 1년만 지나도 시멘트가 쩍쩍 갈라져 운영이 되질 않는다고 한다. 그만큼 코스의 모양부터 기울기까지 세심하고 튼튼하게 설계되어 있다는 얘기겠다.

이미 그것만으로도 세상에 하나뿐인 놀이공간인데, 거기에 시간이 쌓이고 쌓여 새로운 정취들이 더해졌다. 흉내 내는 옛날이 아닌, 진짜 옛날의 모습을 있는 그대로 품은 아름다움과 자신의 온 힘을 다해 세월을 견뎌온 한 공간과 네 사람의 정겨움 같은 것들.

사장님 부부가 미니골프장에 거주하고 있기 때문에 영업 시작 시간과 마감 시간은 정해져 있지 않다. 그러니까 원한다면, 언제 가더라도 미니골프를 즐길 수 있다는 얘기다. 미니골프를 한 게임 치고 잠시 쉬면서 감자전을 맛본 후 다시 한 게임 치는 걸 권하고 싶다. 물론 나도 봄이 오면 가장 먼저 하고 싶은 일로 '보광미니골프장에 가는 일'이라고 노트에 적어두었다.

09 등대전망대
짧지만 꽉 찬 속초 여행을 꿈꾼다면

속초 등대전망대는 '속초등대'라고 불리기도 하고 '영금정 등대전망대'라고 불리기도 한다. 이름 그대로 속초를 한눈에 담을 수 있는 전망대이자, 실제 등대이기도 하기 때문이다. 속초시외버스터미널에서 택시로 5분, 속초고속버스터미널에서는 택시로 10분이 채 걸리지 않는 이곳은 속초 시내 전경과 동해 그리고 설악산까지, 산과 바다와 호수를 아우르는 속초의 모든 풍경을 한눈에 감상할 수 있는 아주 특별한 전망대다.

항구도시 속초에서 등대의 본래 역할은 어선의 안전을 위함이므로, 안개가 잔뜩 끼면 등대에서 마치 커다란 나팔을 부는 것처럼 육중한 신호가 흘러나와 어선들이 방향을 잃지 않도록 돕는다. 맑고 화창한 날에 등대전망대에 오르는 것도 좋지만, 비가 오거나 흐린 날엔 등대해변에서 일정한 간격으로 들리는 등대 소리에 가만히 귀를 기울여 보는 것도 좋다.

돌산 위에 오롯이 서 있는 등대

등대전망대 앞에 도착하면 사뭇 거대한 크기의 등대와 등대를 등에 업고 있는 듯한 더욱 거대한 돌산의 자태에 깜짝 놀랄지도 모른다. 등대 근처인 영금정과 그 해안 일대가 돌산이었고, 일제강점기에 속초항 개발을 위해 돌산을 깨서 항구를 조성함으로써 그나마 지금의 평탄한 암반으로 이루어진 바닷가가 되었다. 단단하고 무거운 암반 위에 등대전망대가 오롯이 세워진 모습이 왠지 경이롭다.

등대전망대 계단을 오르는 동안에는 그곳의 주춧돌 역할을

1957년 건립 당시의 속초 등대전망대
속초등대, 영금정 등대전망대라고도 불리는 속초 등대전망대는 1957년 6월 8일 건립과 함께 최초로 점등된 후 지금까지도 속초의 어민들을 위해 바다를 밝히고 있다.

하는 돌산에 가득한 소나무들이 반겨주고, 소나무들 사이로 이따금씩 푸른 바다가 보여 신비로운 풍경을 자아낸다. 돌산 위로 푸른 담쟁이와 상수리나무, 대나무 등이 바람에 살랑살랑 흔들리는데, 생각보다 다양한 식물군이 자라고 있다.

등대전망대 입구에는 한국의 동서남북에서 가장 끝자락에 위치한 등대 네 곳이 소개되어 있다. 최동단 등대(독도 등대), 최서단 등대(소청도 등대), 최북단 등대(대진 등대), 최남단 등대(마라도 등대). 일상 속 풍경의 일부가 되거나 일종의 상징이 되어 자주 그 기능을 잊어버리곤 하지만, 입구에 전시된 4개의 등대를 보며 한국의 가장자리에서 배의 길을 살펴주고 있는 등대의 역할을 새삼스레 상기하게 된다.

속초의 바다, 산, 호수를 한눈에 담는 전망대

등대전망대는 둥근 룸 형태의 등탑을 지닌 콘크리트 건물로 등탑 높이는 10m, 총 세 개의 층으로 나누어져 있다. 1층은 가운데 등대 기둥을 제외한 도넛 모양이라 한 바퀴 빙 둘러볼 수 있는데, 이곳에선 속초의 명소들을 소개함과 동시에 등대의 유래와 역사에 대한 짧은 영상이 상영된다. 2층에서는 속초의 항만시설과 등대전망대의 모형이 전시되어 있어 등

돌산 위에 위치한 등대전망대 건물 외관(위)과 바다를 향해 있는 등대전망대 모습(아래). 총세 개의 층으로 이루어진 약 10m 높이의 이 하얀 건물은 속초를 찾는 사람들의 길잡이이자, 속초 앞바다를 항해하는 배들의 길잡이다. 등대전망대에서는 파도 소리를 들으며 속초 시내와 설악산, 동해를 한눈에 담을 수 있다.

대전망대 일대의 모든 풍경을 멀찍이 관조할 수 있다.

3층으로 올라가면 최상층이자 하이라이트인 전망대에 도달하게 된다. 바로 여기가 속초를 360도로 감상할 수 있는 곳이다. 북쪽을 내려다보면 등대해변을 따라 쭉 늘어선 포장마차와 식당, 카페, 작게 형성된 주거지가 보인다. 길은 장사항까지 이어져 있어 맑은 날엔 장사항 끝까지, 해변을 따라 길게 늘어선 거리 전체를 감상할 수 있다.

바다 쪽으로 고개를 돌리면 저 멀리 수평선까지 막힘없이 뻥 뚫린 맑은 동해가 보이고, 보다 가까이에는 영금정 돌산이 내려다보인다. 모래가 아니라 회색빛 돌이 깔린 해변에 파도가 넘실거리고 있는 모습이 독특하다 못해 이국적이기까지 하다.

동쪽으로 고개를 돌리면 저 멀리 설악산 산등성이가 거룩한 상징처럼 새겨져 있다. 그 아래로 속초의 온갖 집, 빌딩, 아파트, 다리 등이 오밀조밀하게 붙어 있어 마치 이 지역 전체가 설악산의 은혜로 살아가는 도시인 것만 같은 기분마저 들게 한다.

속초에서 바다와 산과 호수를 동시에 조망할 수 있는 장소(날이 청명할 때는 금강산 자락까지 볼 수 있다), 게다가 바다 가까이에서 해변의 돌무더기에 부딪히는 파도 소리를 여과 없이 들을 수 있는 곳은 이곳이 유일할 것이다.

동해의 맛과 정취를 만나는 등대해변

등대전망대에서 내려오면 예의 그 암반 위로 작은 쉼터가 있고, 이곳에서는 온전히 바다와 하늘로 꽉 채워진 풍경을 감상할 수 있다. 여기서부터 장사항으로 이어지는 길은 강원도의 낭만가도에 속한다. 2004년까지만 하더라도 장사항으로 가는 길 중간에 있는 이 작은 해변에는 영랑호로 바닷물이 들어가는 물길과 모래사장뿐이었다. 그러다 약 15년 전부터 이곳에 방파제를 축조하면서 점차 해수면이 얕아지기 시작했고, 2004년에 이르러 간이 해변이 조성되며 등대전망대의 이름을 빌려 '등대해변'이라고 부르게 되었다. 2013년부터는 등대해변에서부터 장사항까지 해변을 따라 산책하거나 드라이브를 할 수 있도록 하나로 길게 이어진 도로를 냈다.

등대해변은 백사장 길이가 600m, 폭이 15~50m인, 등대에서 장사항으로 이어지는 작은 해변이다. 다른 해수욕장에 비해 부지가 아담하다 못해 협소한 간이 해변이지만 이곳이 유명해진 까닭은 따로 있다. 해변을 따라 포장마차들이 쭉

등대해변 뒤쪽 골목길 풍경 등대해변의 포장마차거리 뒤쪽에 있는 영랑동과 장사동은 속초의 구시가지로 수복 직후 한동안 속초의 시내이자 번화가였다. 지금은 옛 정취가 물씬 풍기는 낮은 1층 집들과 잘 가꿔진 작은 화단들을 볼 수 있는 골목길로 남아 있다.

늘어선 포장마차거리 때문이다. 포장마차 앞 도로가 봄, 여름, 가을철엔 야외 테라스 역할을 하는 터라, 바다를 보거나 파도 소리를 들으며 술잔을 기울일 수 있어 인기가 좋다. 특히 여름엔 바다를 낀 해안도로에 야외 테이블이 한 줄로 늘어선 모습이 장관이다. 이곳은 제철에 나는 식재료로 만든 안주와 술을 즐기러 오는 사람들이 찾는 관광 명소다. 기본 메뉴는 정해져 있지만 속초 앞바다에서 나는 재료가 계절마다 상이해서 골뱅이나 홍게, 미역, 도루묵, 도치 등 좋아하는 해산물의 수확 시기에 맞추어 방문하면 더욱 좋다. 가게들마다 메뉴는 조금씩 다르지만 주력 메뉴와 가격은 대체로 비슷하다.

현란한 불빛과 발개진 얼굴의 사람들로 가득한 포장마차 거리 뒤쪽 골목으로는 오래된 주택들이 밀집되어 있어 걷는 것만으로 추억 여행을 하는 기분이 든다. 골목골목에는 사람들로 북적이는 식당들도 적지 않다. 불과 20년 전만 하더라도 속초에 가면 꼭 회를 먹어야 한다고 으레 생각되었기 때문에 이곳 또한 횟집 위주로 영업하는 음식점들이 대부분이었지만, 지금은 횟집 외에도 홍게요리, 생선찜, 물곰탕, 대구탕 등 각종 해산물을 전문적으로 다루는 유명한 음식점들이 제법 많아졌다.

무더운 여름이 되면 가족이나 연인들, 여러 무리의 사람들이 등대해변을 찾아 발을 적시거나 조개껍질을 줍고 있는 모습을 볼 수 있다. 한쪽으로는 방파제에 걸터앉아 무언가 골똘히 생각에 잠긴 듯한 낚시꾼들의 모습도 보인다. 근처에 다양한 종류의 숙박시설이 즐비해 속초를 짧게 여행하는 사람이라면 이곳 등대전망대 주변에서 싱싱한 먹거리와 해변 그리고 전망까지, 속초를 집약적으로 맛볼 수 있다.

- **등대해변과 포장마차** : 모래와 돌산이 어우러져 속초의 해변 중에서도 독특하면서도 아늑한 느낌을 주는 해변이다. 해변을 따라 길게 늘어선 포장마차는 여름에 야외 테이블에서 즐기는 묘미가 있다. 철마다 나는 수산물로 만들어진 안주가 별미이며 밤바다와 바다를 비추는 등대의 불빛, 밤하늘을 감상할 수 있는 곳이기도 하다.

- **동명항 난전** : 오징어 난전으로 불리기도 하는 이곳은 겨울 금어기를 제외하고 항상 열려 있는 작은 수산수장이자 횟집거리이다. 배 이름을 딴 가게들이 동명항 부두를 따라 길게 늘어서서 오징어를 간단히 조리해서 바다를 보며 먹을 수 있도록 테이블을 마련하고 손님을 기다리고 있다.

- **유람선 야식** : 동명항 난전 건너편에 위치한 식당으로 각종 주류와 어울리는 안주를 판매한다. 홍게탕, 홍게무침, 골뱅이무침, 생선구이, 도루묵찌개 등이 유명하다. 동명항의 야경을 보며 야외 테이블에서 즐길 수 있다.

10 영금정과 동명항

파도 소리를 품은 정자와 항구

등대전망대의 남쪽, 그러니까 등대전망대에서 내려와 등대해변 쪽과 반대 방향으로 걸으면 곧바로 영금정이 나온다. 영금정은 돌산이었다. 그냥 돌산이 아니라 거센 파도가 치는 바닷가의 돌산이었다. 선조들은 이 돌산에 파도가 쳐서 부딪치면 아주 신묘한 소리가 들렸는데 그 음곡이 꼭 거문고 소리와 같다고 하여 영금정(靈琴亭)이라고 이름 붙였다.

두 개의 정자에서 감상하는 바다 풍광

커다랗던 돌산은 일제강점기 때 속초항 개발을 위해 축항공사를 하면서 지금의 낮고 넓은 암반으로 변했다. 1997년에 속초시에서 영금정 일대를 관광지로 개발하면서 남쪽 방파제 부근에 '영금정해맞이정자'라는 정자를 만들었는데 요새는 영금정이라는 이름이 바로 이 정자에서 비롯되었다고 오해하는 사람들도 적지 않다.

정자에 오르기 전, 등나무가 그늘을 만드는 벤치에서 속초의 어르신들이 방문객들에게 영금정 유래와 역사에 대한 설명을 해주고 계셨다. 정부의 일자리 지원 사업 중 하나인 '어르신이 들려주는 영금정 이야기'가 진행되고 있는 것이었다.

얼마간 계단을 오르고 나면 바닷바람이 얼굴을 적시는 첫 번째 영금정 정자에 도착하게 된다. 정자는 그리 큰 편이 아닌데도 휴식을 즐기는 주민들로 늘 붐빈다. 정자 위에서 바라볼 수 있는 풍경 때문일 것이다. 동명항 방파제 길과 넓고 짙은 바다, 그리고 돌산이 어우러져 있는 매우 이국적인 풍경이다. 파도를 가르며 들어오고 나가길 반복하는 씩씩한 오징어잡이 배들도 보인다.

첫 번째 정자에서 내려와 바로 오른쪽으로 돌면 돌산 위에 허공으로, 즉 수면 위로 이어지는 다리가 나오는데, 그 끝에 작은 정자가 하나 더 있다. 마치 수면 위 허공에 떠 있는 것처럼 바다를 보다 더 가깝게 느낄 수 있는 곳이다.

정자로 이어진 다리의 아래쪽도 꼭 바다일 것 같지만 실

영금정의 첫 번째 정자(왼쪽)와 두 번째 정자(오른쪽) 첫 번째 정자가 1997년 주민들이 성금을 모아 만들었던 원래 정자이고, 두 번째 정자는 최근에 새롭게 만든 정자이다. 두 정자는 높이가 다르고 바다와의 거리도 달라서 각기 다른 바다 풍광을 선사해준다.

은 돌산 위다. 다리 아래는 돌산과 돌멩이 자갈, 이따금씩 파도가 크게 들어올 때 고인 바닷물 웅덩이가 있다. 자세히 보면 바다로부터 밀려온 물고기나 미역, 갈색과 검정색이 뒤섞인 등껍질의 자그마한 돌게들이 보여 괜히 장난스러운 웃음을 짓게 된다. 정자 쪽으로 걸어갈수록 돌산은 사라지고 바다에 가까워진다. 돌로 만든 높고 견고한 난간에 기대서 사진을 찍는 사람들도 적지 않다. 다리의 끝에 그러니까 두 번째 정자에 도달하면 오직 푸른 바다와 하늘뿐이다. 서로의 경계마저 희미해지는, 끝없이 펼쳐진 두 개의 파란 자연이 우릴 맞이한다.

싱싱한 바다를 맛본 후 조용한 방파제 길 산책

영금정 근처의 식당가에는 꽤 오래된 건어물가게들이 늘어서 있고, 대게, 회, 매운탕 등을 맛볼 수 있는 식당들이 곳곳에 자리 잡고 있다. 음식점의 규모들이 비교적 큰 편이라 가게 앞 수조에 담긴 생선과 게, 멍게, 전복, 오징어들을 구경하며 걷는 재미가 있다.

등대 아래쪽에 있는 오래된 횟집이 유독 눈길을 사로잡는데, 횟집이 암반 위에 자리를 잡고 있는 까닭이다. 횟집 아래쪽에 바닷물이 바로 밀려들어오는 작은 수영장만한 사각형의 수조가 땅 밑으로 움푹 파여 있다. 90년대까지만 하더라도 이 작은 수조 안에서 어획 중에 우연히 포획된 물개들이 관상용으로 사육되곤 하여 물개를 구경하러 오는 사람들도 많았다고 한다.

식당 말고도 회와 해산물을 즐길 수 있는 또 다른 방법은 수협영금정활어센터로 가보는 것이다. 영금정에서 멀리 바다 쪽을 바라보면 빨간 등대가 서 있는 방파제 길에 작은 배들이 정박해 있는데, 그 앞에 있는 2층짜리 커다란 건물이 바로 영금정활어센터다.

1층에 가게가 늘어서 있고 입구에 수조들을 보유하고 있어서 이곳에서 횟감을 골라 계산을 하면 건물 위층으로 올라가 상을 차려 먹을 수 있는 구조다. 미리 가격을 찾아보고 가도 좋지만, 수산물은 '시가'라는 게 있어서 그 시기의 수확량에 따라 가격이 결정되기 때문에 가격 흥정이 중요한 관문이다.

활어센터 왼편에는 바다를 감상하며 비교적 조용하게 산책할 수 있는 기다란 길이 있는데, 근래에 조성된 방파제 길이다. 족히 몇 백 미터에 달하는 방파제 길의 왼편으로는 육중한 테트라포드가 수북이 쌓여 있고, 오른쪽 난간 아래로는 해초가 파도에 살랑거리는 모습도 보인다.

두 개의 긴 방파제가 동명항을 감싸안은 모습으로 지어진 것은 방파제의 역할 그대로, 큰 파도를 막아 해안이 침식되지 않도록 하기 위함이다. 방파제의 안쪽이 바깥쪽에 비해 물의 움직임이 적다. 방파제가 바깥에서 치는 파도를 막아주고 있는 것이다. 방파제 끝자락에 위치한 빨간 등대는 '속초항북방파제등대'라는 이름으로, 1985년에 만들어졌다고 적혀 있다. 방파제가 2009년에 준공되었다는 점을 감안하면 등대는 방파제가 존재하기 훨씬 이전부터 바다 위에 홀로 서서 고독하게 이곳을 지켜왔을 것이다.

고즈넉한 오징어 난전의 운치

영금정에서 속초 시내 방향으로 5분 남짓 걸어가면 동명항이 나온다. '밝은 동해'라는 이름의 동명항은 주로 일출 명소로 알려져 있지만, 실은 그보다 속초 항만에서 가장 중요한 곳이다. 중국 방면으로 오가는 여객선이 있고 이산가족 상봉의 길로도 이용되었으며, 금강산 관광을 위한 여객선 설봉호와 러시아를 거쳐 중국에 도착하는 국제 유람선을 위한 터미널도 있다. 근래에는 이곳을 통해 백두산 관광을 가기도 한다.

속초항북방파제등대(위)와 동명항에서만 볼 수 있는 특별한 오징어 난전(아래) 지금은 등대도 난전도 새단장되어 깔끔한 외관이지만, 동명항의 역사는 깊다.

동명항의 묘미는 난전이다. 동명항에서 금강대교와 설악대교가 이어지는 방향에 작은 오징어 난전이 들어서 있다. 천막으로 설치된 구조물이 이어진 약 20개 정도의 오징어 직판장이 자리 잡고 있다. 동명항에서는 주로 작은 고깃배들이 정박해 있는 모습을 볼 수 있는데, 이 배들이 종종 고기잡이를 마치고 들어와서 그날 수확한 해산물을 여기서 판매하기도 한다.

1월부터 4월까지는 난류성어종인 오징어를 수확하기 힘들고 4월에는 법적으로 오징어를 잡을 수 없는 금어기이기 때문에 오징어 난전 역시 그때는 문을 닫는다. 난전은 겨울을 제외한 5월부터 12월까지 영업을 하는데 도로의 반대편, 즉 바다 쪽에 인접해 있어 배에서 내린 오징어를 손수레에 담고 운반하여 즉시 수조에 넣는다. 그래서 가게마다 뒤편에 손수레를 하나씩 세워두고 있다. 손질한 오징어를 손수레에 걸어두고 말리는 모습도 볼 수 있다.

난전에서는 오징어를 구입할 수도 있지만, 무엇보다 자리에 앉아서 즉석에서 회를 맛볼 수 있다. 더 바깥쪽에는 파라솔과 외부 테이블, 의자가 늘어서 있어 날씨가 좋을 땐 이곳에서 오징어를 먹으며 바다 위로 배들이 오가는 풍경을 즐길 수 있다. 등대해변 포장마차거리가 아담한 해변의 풍경을 즐기는 곳이라면, 이곳은 속초 항구의 고즈넉함과 고깃배들의 운치를 느낄 수 있다. 해마다 도루묵축제와 양미리축제도 이 자리에서 열린다. 오징어 직판장이 열리지 않는 겨울에는 오징어 대신 도루묵과 양미리를 구이나 조림으로 맛볼 수 있다.

11 비단우유차
속초에 둥지를 튼 밀크티

부드럽고 따뜻한 우유에 찻잎을 우려내는 밀크티(milk tea). 한국에서는 커피만큼 대중적인 음료로 인식되고 있진 않지만, 세계적으로 보면 밀크티는 꽤 오랜 전통을 지닌 대중 음료이다. 속초에는 밀크티를 '우유차'라는 이름으로 소개하는 음료 브랜드가 있다. 옛 홍콩 영화에서 듣던 노래가 흘러나오고, 복고풍의 음료 디자인과 인테리어가 친근하면서도 왠지 모르게 세련된 곳, '아련하고 아름다운 추억만큼 부드러운 순간들(silky moments)'을 떠올리게 하는 곳. 바로 '비단우유차'다.

지역 농산물의 가치를 높이는 브랜딩

비단우유차의 이민성 대표는 어렸을 때 부모님과 함께 속초로 이사를 왔고, 유년시절을 속초에서 보낸 뒤 서울에서 회사를 다녔다. 2016년에 퇴사한 후 소규모로 창업을 했는데, 당시 그가 하고 싶었던 일은 지역농산물을 브랜딩하는 것이었다. 지역에서 생산되는 좋은 품질의 농산물들이 항상 'OO즙' 같은 건강식품에 국한되어 유통되다 보니 보다 다양한 연령대의 사람들에게 사랑받을 수 없었던 것이 안타까웠다고 한다. 그래서 음지에 있는 농산물들을 소스, 차, 나물 등 한층 대중적인 제품으로 기획하여 식재료로서의 가치를 높이는 일을 시작했다.

지역농산물을 브랜딩하고 새롭게 디자인하는 일을 하는 동안 이민성 씨는 수많은 시행착오를 겪었다. 제품의 브랜딩뿐만 아니라, 기획에서 제조까지의 전 과정을 맡으며 온·오프라인에서 농산물 편집숍을 열기도 했다.

그러던 중 광주의 '춘설차'를 밀크티로 리브랜딩해서 판매했던 경험이 바로 현재 비단우유차의 밑거름이 되었다. 기존의 차에 우유를 접목시켜 선보였던 춘설차의 밀크티가 대중적으로 성공을 거두었던 것이다. 밀크티라고 하면 정통 찻잎을 사용해야 하는 한계가 있는데, 국내에서 공급 가능한 여러 재료들과 결합하여 '차를 조금 더 캐주얼하게 즐겨보자'는 취지에서 이민성 대표는 우유차라는 이름을 붙였다. 그래서 비단우유차는 정통 밀크티에서 벗어나, 보다 자유로운 방식으로 재료들을 사용하게 되었다.

전통적인 밀크티가 홍찻잎을 우려내고 우유를 붓고 설탕을 첨가하는 방식이라고 한다면, 비단우유차는 다양한 지역의 농산물과 찻잎, 우유를 함께 끓인 후 숙성시켜 완제품의 형태로 담아 판매한다. 그렇기에 지역 농산물을 리브랜딩하

병에 담겨 판매되는 비단우유차 차를 우려내 끓인 후 숙성 과정까지 거치는 비단우유차는 현재 7가지 종류로 개발되어 있다.

던 창업 시절에서부터 갖고 있던 원칙인 '순수한 재료의 맛'을 지향하면서도, 그저 '건강한 맛'이 아닌 '맛있는 맛'을 지닌 대중 음료로서의 가치를 획득하는 일이 가능했던 것이다.

비단우유차의 메뉴는 현재 7가지로 오리지널, 럼우유차, 인절미우유차, 쑥우유차, 말차사케, 팥카카오, 무화과우유차가 있다. 찻잎이 우러난 우유의 풍미를 기본으로 하되 현미, 쑥, 팥, 무화과 등 농산물을 변주하여 맛의 균형을 찾아내는 데에 주안점을 두고 있다.

재료 본연의 맛을 살린 우유차

비단우유차의 음료들은 대체로 강렬한 단맛 대신, 은은한 향과 맛 그리고 부드러운 목넘김을 특징으로 한다. 당도를 낮춘 이유는 앞서 말한 원칙대로 재료 본연의 맛을 즐길 수 있도록 하기 위함이다.

글로 맛이 온전히 전해질지 모르겠지만 각각의 특징들을 소개하고 싶다. 오리지널은 비단우유차의 원칙이 가장 잘 담긴 담백한 맛의 시그니처 음료다. 럼우유차나 말차사케의 경우에는 실제로 럼과 사케의 향이 은은하게 느껴지는 어른스러운 맛이랄까. 가장 달콤할 것 같은 이름의 팥카카오는 처

삼화제재소 건물 2층에 위치한 비단우유차 이 건물 측면 쪽문을 열고 들어가야 비단우유차를 만날 수 있다. 옛것을 부수고 새롭고 깔끔한 건물을 세우기 바쁜 도시에서 낡고 오래된 건물의 정취를 묵묵히 지키고 있는 비단우유차의 외관과 재료 본연의 맛을 살린 은은한 우유차의 맛, 그리고 켜켜이 세월을 쌓으며 일하고 싶다는 주인장의 말이 부드럽게 겹쳐진다.

음 맛보면 언뜻 '싱거운 초코우유 아니야?'라고 생각할 수도 있다. 그러나 인공적인 초콜릿향이 아닌 카카오 고유의 달콤함과 팥의 구수한 맛을 동시에 머금을 수 있는 독특한 우유차다. 다소 밍밍하다는 반응도 없진 않지만, 음료로서 부담 없이 넘길 수 있으면서도 재료 본연의 맛을 가리지 않기 위해 엄격히 농도를 맞추고 있다.

비단우유차에서 중요한 것은 재료 외에도 음료를 숙성하는 과정에 있다. 공간 안에 손님이 많든 적든, 이민성 씨가 하루 일과를 빠듯하게 보내야 하는 것도 바로 항상 일정량의 우유차를 만들어 보관해두어야 하기 때문이다.

먼저 기본적인 맛을 잡아주는 차를 우려내고 각 부재료를 혼합하여 끓인 후, 보통 하루 정도를 냉각하며 숙성하는 과정을 거친다. 이렇게 하루가 지난 후 용기에 담아 판매하기 때문에 혼합된 여러 재료들이 보다 잘 어우러진 맛을 만날 수 있게 된다.

커켜이 세월을 쌓으며 일하고 싶다

비단우유차는 2017년에 서울 염리동에서 오픈한 가게다. 그런데 왜 속초냐고? 이민성 씨는 서울에서 장기적으로 가게를 유지할 수 있을까에 대한 고민이 컸다고 한다. 유행이 순식간에 지나가는 데다가, 임대료는 계속 치솟기만 했다. 더 이상 안 되겠다 싶어 지방으로 옮겨 영업을 하려고 알아보던 중에, 천혜의 자연을 갖추고 있으면서도 서울에서 오가는 교통이 매우 편리하고, 상대적으로 임대료도 저렴한 속초가 있어 어렵지 않게 이주를 결정할 수 있었다. 속초로 이사하면서, 전국으로 배송하는 시스템을 염두에 두었기에 비단우유차 매장의 성격도 카페에서 제조업으로 방향을 틀었다.

현재 속초 비단우유차는 '삼화제재소'라는, 목재를 재단하여 판매하는 건물의 2층에 자리해 있다. 도시의 이곳저곳에서 부수고 헐고 새로 짓는 소리들이 난무하는 가운데, 낡고 오래된 건물이 유유히 남아 있는 정취 때문인지, 소문을 듣고 방문하는 손님들이 점점 늘어나고 있다.

물론 이곳도 현재 재개발의 가능성이 있는 까닭에 지금 자리에서 가게를 오래 유지할 수 있을지에 대해서는 확신할 수 없다고 한다. 하지만 이민성 씨는 이렇게 말한다. "자리를 옮기게 되더라도, 이곳 속초에서 오랜 시간 켜켜이 세월을 쌓아가며 일하고 싶어요." 오늘도 어김없이 우유차를 만드는 이민성 씨의 표정은 노포의 손등처럼 묵묵하고 듬직하다.

12 중앙시장
속초에서 만날 수 있는 단 하나의 시장

여행자에게 유서 깊은 유적지와 자연경관을 감상하는 것만큼이나 즐거운 것이 그 지역의 음식을 맛보는 일이다. 닭강정, 아바이순대, 새우튀김, 감자옹심이. 속초하면 주로 떠오르는 먹거리들이다. 이런 음식들을 파는 식당이나 가게를 한 군데씩 찾아다니는 보람도 있겠지만, 보다 편리하게 한번에 만나볼 수 있는 장소가 있다. 바로 속초관광수산시장이다.

속초에 딱 하나뿐인 시장
시장에서는 그 지역 사람들이 무엇을 먹고 어떻게 생활하는지 엿볼 수도 있고, 무엇을 생업으로 삼고 살아가는지도 알 수 있다. 속초관광수산시장이라고 적긴 했지만, 사실 속초 사람들은 이곳을 '중앙시장'이라고 부른다. 그마저도 길다고 느낄 땐 그냥 시장이라고 한다. 그도 그럴 것이 속초에는 시장이 오직 이곳뿐이기 때문이다. 속초가 갓 생겨났던 1950년대 말경에는 시장이 3개 있었다. 당시에는 1구(영랑동), 3구(중앙동), 6구(교동)의 명칭을 그대로 가져와서 1구시장, 3구시장, 6구시장이라고 불렀다.

3개이던 시장이 하나로 줄어든 이유는 속초의 수산업과 상업 활동이 주로 중앙동에서 이루어졌기 때문이다. 청호동(아바이마을)과 시내를 이어주는 주요 교통수단이었던 갯배선착장이 가까이 있으면서, 동명항과 청초호의 사이에 위치한 중앙동에 아무래도 가장 많은 사람들이 모일 수밖에 없었던 것이다. 그래서 시간이 흐르며 3구(중앙동)시장만이 남게 되고, 1963년에 속초읍이 속초시로 승격되면서 이곳은 중앙시장이라는 새 이름을 얻게 되었다.

하지만 그때까지만 하더라도 중앙시장은 여행객들이 찾는 시장이라기보다는 속초시민들의 장터였다. 2006년 속초시에서 착수한 시장활성화사업과 함께 중앙시장은 전환점을 맞이하게 됐다. 재래식 공간을 현대화된 공간으로 바꾸고, 여행객들의 발길이 닿을 수 있도록 다양한 먹거리와 문화적

중앙시장에서 만날 수 있는 다양한 먹거리들 오징어를 비롯한 싱싱한 해산물과 새우튀김, 닭 강정, 젓갈, 아바이순대 등 속초의 다양한 먹거리를 한자리에서 모두 만날 수 있는 곳이 바로 중 앙시장이다.

체험이 가능한 공간으로 탈바꿈하고자 했던 것이다. 닭강정을 비롯해 현재 우리가 흔히 떠올리는 속초의 먹거리들은 대체로 이 시절부터 생겨났다고 할 수 있다.

생선회부터 닭강정까지 먹거리 총집합

속초가 바닷가에 자리하고 있기 때문에, 현재까지도 시장에서는 수산물을 가장 많이 판매하고 있다. 먼저 당일 새벽에 올라온 철마다 다른 종류의 생선과 오징어, 조개류 등의 해산물들을 판매하는 수산물코너가 있다. 싱싱한 수산물이 가득한 이곳에서는 동해안에서도 대한민국의 가장 북쪽에 위치한 고성, 속초, 양양 연안 해역에서 무엇이 잡히는지 구경하는 재미도 있다. 일반적으로 가자미와 고등어, 열갱이 같은 생선을 볼 수 있지만, 겨울철엔 양미리와 도루묵, 도치 같은 제철 생선들도 많이 나온다.

싱싱한 생선만 있는 게 아니라 말린 생선도 있다. 말린 황태와 김, 쥐포, 멸치 등을 판매하는 건어물가게는 여전히 많다. 반건조생선이라고 불리는 것만 판매하는 가게들도 있다. 수분이 반 정도 빠진 상태로 바닷바람에 말려 쫀쫀해진 상태의 생선들은 보관이 쉽고 조리하기도 편한 장점이 있다. 냉장

고가 지금처럼 보급되지 않은 시절에는 바닷가에서 빨랫감 대신 생선들을 빨래집게로 걸어 며칠이고 매달아두곤 했다.

젓갈가게들도 눈에 띈다. 젓갈은 음식을 저장하는 가장 오래된 방식인 소금에 절이는 방식으로 그 종류가 무척 다양하다. 제주도는 돼지고기를 멜젓(멸치젓갈)에 찍어 먹는다고 해서 유명하다. 속초는 젓갈 중에서도 '식해'라는 아주 독특한 식문화를 간직한 곳이다. 생선을 소금이 아닌 곡식으로

중앙시장의 건어물가게 중앙시장은 관광객들을 위한 시장이기 이전에 속초시민들의 장터였다. 1960년대에는 '명태시장'이라고 부를 정도로 명태와 오징어 등의 건어물시장으로 유명했다. 속초에 거주하는 사람들 대다수가 수산업에 종사하고 있다 보니, 시장 또한 각종 수산물들이 거래되는 장소였던 것이다. 중앙시장이 발전하면서 계속 점포 수가 늘었지만, 그중 가장 많은 비중을 차지하는 업종은 물론 건어물이었다.

발효시킨 음식이 바로 식해다. 속초에서 많이 잡히는 생선으로 만든 식해인 가자미식해와 명태식해가 대표적이다.

시장을 돌아다니다 보면 도대체 회를 먹을 수 있는 곳은 없냐고 생각하는 사람들도 있을 것이다. 놀랍게도 수산물시장 지하에는 마치 하나의 층을 두고 다른 세계가 펼쳐지는 것처럼 회센터가 자리하고 있다. 이곳 시장 지하의 회센터가 특별한 이유는 시장에서 불과 2km도 떨어지지 않은 바닷물을 관을 통해 직접 끌어오기 때문이다. 이곳에서는 매우 저렴한 가격에 싱싱한 회를 맛볼 수 있다.

수산물만 있는 게 아니라 때로는 수산물을 변주한, 혹은 수산물과 무관한, 다양한 먹거리들이 있다. 오징어 모양으로 만든 오징어빵, 강원도의 대표 식품인 찐옥수수와 감자전, 사시사철 사람들이 길게 줄 서서 기다리는 호떡집, 속초하면 누구나 떠올리는 닭강정 골목에는 매콤달콤하게 볶은 닭강정들이 화려하게 진열되어 있다.

여느 시장들이 그러하듯 다양한 간식들도 맛볼 수 있다. 김밥과 새우튀김, 호떡, 핫도그, 아이스크림, 어묵 등 저렴하면서 쉽게 먹을 수 있는 먹거리들이 많다. 어린 시절부터 자주 다녔던 떡볶이와 순대, 김밥과 족발을 함께 만들어 파는 독특한 구조의 분식집 세 군데가 모여 있는 작은 골목도 있다. 순대골목은 시장의 가장 바깥쪽에 위치하는데, 겨울에 이곳을 지나면 김이 모락모락 나는 따끈한 순댓국을 그냥 지나칠 수가 없다. 속초에서는 순댓국집에서도 기본적으로 오징어순대와 아바이순대를 먹을 수 있다. 불과 10년 전까지만 해도 전국에서 오징어가 가장 많이 났던 지역이라 오징어에 다양한 속재료를 집어넣어 만든 오징어순대가 유명하다. 실향민들의 음식으로 대표되는 아바이순대는 돼지 대창에 찹쌀밥과 부재료를 넣은 속초의 향토음식이다.

옛날에는 속초라는 작은 도시를 지탱하던 중앙시장이었고, 이제는 속초의 관광과 음식을 대표하는 속초관광수산시장이다. 화려하고 세련된 가게들도 하나둘씩 입점하고 있지만, 이곳의 진짜 매력은 옛 모습 옛 골목이 곳곳에 남아 있다는 점이다. 속초관광수산시장은 여행자들보다도 속초 사람들에게 특별한 재래시장이라는 생각이 든다. 그래서 속초 사람들은 여전히 이곳을 중앙시장이라고 부른다.

13 순대골목

아바이순대가 담긴 속초만의 순댓국

속초에 거주하는 사람으로서 '속초의 대표 음식이 뭐냐'는 질문을 받게 되면 퍽 곤란해진다. 머릿속을 스쳐가는 수많은 음식들이 있고, 여행자들이 줄 서서 차례를 기다리는 식당도 여럿 있지만 '대표 음식이 무엇이냐' 하면 영 모르겠다. 그런 생각은 대표 음식이라는 말에 대한 고민으로 번져간다.

가까운 강원도 지역들을 살펴보면 강릉의 순두부, 춘천의 닭갈비, 봉평의 메밀막국수가 떠오른다. 통영의 굴, 전주의 비빔밥, 심지어 서울 장충동의 족발까지 떠오르는데 속초의 대표 음식은 뭘까? 아니, 대표 음식이라는 건 뭘까. 대표 음식이라는 게 어찌어찌하다 정해진 상징에 불과할 뿐이라고 한다면, 그러니까 실제 각 지역에는 대표 음식으로 알려진 것 말고도 다양한 먹거리의 스펙트럼이 있다고 한다면, 음식을 먹는 사람의 사연에 따라 저마다의 대표 음식이 있을지도 모르겠다. 그래서 나도 '아주 사적인'이라는 다소 방어적인 수식어를 붙이고 나만의 속초 대표 음식을 꼽아보았다.

푸짐했던 첫 순댓국의 기억

초등학교를 마치고 중학교에 갓 입학했을 때였다. 아버지와 함께 점심을 먹으러 중앙시장(현 속초관광수산시장)으로 향했다. 그때까지 시장에서 먹어본 음식이라고는 떡볶이, 순대, 김밥 같은 분식뿐이었다. 걷던 중 느닷없이 아버지가 말문을 열었다. "순댓국 먹어본 적 있니?" 순대가 뭔지 모르지 않았던 터라 순대와 국물의 조합으로 이루어진 음식일 것이라고 생각하며 대수롭지 않게 여겼다. 도착한 곳은 '순대국'이라고 적힌 간판이 가득한 골목이었다. 골목 여기저기가 돼지머리와 함께 육수가 팔팔 끓고 있는 육중한 솥으로 후끈거렸다. 그곳은 '순대골목'이라고 불리는 곳이었다.

아버지와 나는 그중 '중앙순대국'이라는 간판이 달린, 아주 작고 좁은 식당으로 들어갔다. 식당 안은 뜨거운 김이 가득했고 돼지고기 특유의 구수한 향이 코 깊숙이 밀려들어왔다. 아버지는 무척 익숙한 방식으로 '순대국 2개'를 주문했고, 식당 주인아주머니는 그보다 몇 배 익숙한 몸짓으로 커다란 솥을 열고 뚝배기에 육수를 부었다.

뚝배기 2개가 우리 앞에 놓였을 때 열네 살의 나는 대체 이게 무슨 음식이지 싶었다. 이전까지 먹어왔던 순대는 온데간데없이 뜨거운 베이지색 국물 속에 고기들이 무수히 떠 있었으니까. 나는 아버지에게 말했다. "아버지, 이건 고깃국인가 본데요?" 아버지는 피식 웃으며 새우젓을 한 숟갈 크게 떠서 내 뚝배기에 한 번, 당신 뚝배기에 한 번 붓고 한 바퀴 휘저었다. "새우젓과 같이 먹어야 맛있다." 의심 반 호기심 반으로 젓가락을 들고 안을 여기저기 들춰보니 순대가 있긴 했다. 그런데 지금껏 본 순대들과는 달리 더 두툼하고 속에 야채 같은 것들이 그득해 보였다. 아버지가 먹는 방식을 유심히 지켜보며 그걸 따라서 먹기 시작했다.

오래전 기억인지라 얼마간의 과장과 미화가 섞였겠지만, 순댓국의 첫 숟갈을, 그러니까 새우젓이 풀린 오묘한 국물과 탱글탱글한 머릿고기를 입안에 넣었을 때, 너무 맛있어서 눈이 번쩍 뜨였다. 아, 정말이지 그건 순대와 국의 단순한 조합이 아니었다. 구수하면서도 끝에 감칠맛이 돌며 얼큰하게 식도를 쓸고 내려가는 느낌이었다. 게다가 고기는 또 어찌 그리 많던지. 물론 당시 설렁탕이나 곰탕 한 그릇도 제대로 먹어본 적 없던 나이였지만, 순댓국은 내게 새로운 음식의 세계에 눈을 뜨게 해주었다.

중앙시장의 순대골목과 순댓국 중앙시장 가장 바깥쪽에 위치한 순대골목. 가게마다 커다란 양은솥을 걸고 순댓국을 팔팔 끓이고 있어서 골목에 구수한 냄새가 가득하다.

그때부터 고등학교를 졸업하기까지, 허기가 졌다 하면 몸이 허하다는 핑계로 예의 순대골목을 찾았다. 아버지, 어머니와 함께 가거나 할아버지, 할머니를 이끌고 간 적도 있고, 친구들과 가기도 했지만 곁에 아무도 없을 땐 혼자 가서 당돌히 순댓국을 먹었다.

나의 사적인 속초 대표 음식

나이를 먹으며 세상 이곳저곳의 다양한 순댓국을 맛보게 되었다. 서울에 상경했을 때 가장 먼저 찾은 식당도 공교롭게도 당시 다니던 학원 근처의 프랜차이즈 순댓국집이었다. 대학 시절에는 연희동 주택가 2층에 있는 순댓국집에 자주 갔다. 그곳은 순댓국을 주문하면 부추가 함께 나와서 그 나름의 향과 맛이 있었다.

쌓인 세월과 함께 먹는 방식도 다양해졌다. 새우젓과 들깻가루를 곁들이는 기본적인 방식에서부터 깍두기 국물이나 다진 양념을 넣고 휘휘 저어 먹기도 하고, 청양고추를 넣어 얼큰하게 먹을 때도 있었다. 그에 따라 여러 순댓국들의 특징이랄까, 각각의 결을 어느 정도 구분할 수 있게 되면서, 속초에서 내가 맛본 순댓국 속 순대는 '아바이순대'라고 불리는 속초 고유의 순대라는 것 또한 알게 되었다.

분단 이후 속초에 마을을 이루고 살았던 실향민들이 만들어 먹곤 했다는 아바이순대는 1996년에 공식적으로 그 이름을 얻었다. 당시 제1회 설악눈꽃축제 행사장에서 속초의 실향민 음식으로 처음 선보였고, 함경도 사투리로 '아버지'를 뜻하는 '아바이'라는 이름이 붙여졌다.

아바이순대는 주로 돼지의 대창 속에 익힌 찹쌀밥, 선지 등의 여러 부재료를 넣고 쪄낸 음식인데, 대창으로 만든 순대라서 다른 지역의 순대에 비해 크기가 크고 한 끼 식사로도 알맞다. 근래에는 대창을 구하기 힘들어 일반 창자로 만들고 있기 때문에, 내가 먹었던 순대가 '원조 아바이순대'에 가까웠는지 어땠는지는 잘 모르겠지만, 아바이순대가 들어 있던 순댓국의 따뜻하고 푸짐했던 기억만은 지금도 선명하다.

서른 언저리의 나이가 되어 속초에 돌아왔을 때 속초의 순댓국과 아바이순대는 이미 전국적으로 정평이 난 음식이 되어 있었다. 오징어순대 같은 변주도 생겨났고 속초의 또 다른 향토음식인 명태회를 순대에 곁들여 먹는 방식도 눈에 띄었다.

예전의 순대골목은 오로지 속초시민들만 찾는 곳이었다

면 이젠 선글라스를 끼고 카메라를 든 사람들이 훨씬 더 많아 보인다. 그에 맞춰 순대골목 안 식당들도 가게 안팎을 청결히 관리하며 손님맞이로 분주해 보인다.

그래서 순댓국이 속초의 대표 음식이냐고? 아바이순대가 속초의 정체성과 직결되는 실향민 음식으로 종종 언급되곤 하지만, 그보다 내게 순댓국은 20년 전 속초의 풍경을 눈앞에 소환하는 신비로운 체험을 선사하는 음식이다. 무엇보다도 맛이 훌륭하다. 그래서 나는 속초의 순댓국을 '나의 사적인 속초 대표 음식'이라고 부른다.

14 김송순아마이젓갈

식혜가 아니라 식해

'속초' 하면 떠오르는 음식은 모두가 다를 것이다. 동해를 생각하면 싱싱한 생선회나 노릇노릇하게 구운 생선구이, 매콤달콤한 생선찜이 먼저 떠오를 것이다. 실향민의 음식을 대변하는 속이 꽉 찬 아바이순대도 있다. 명태회를 얹어 매콤한 함흥냉면도 빠질 수 없다. 최근에 전국적으로 유명해진 닭강정을 떠올리는 이도 많을 것이다. 이런 음식들과 전혀 다른 속초 음식을 소개해볼까 한다. 주인공은 바로 '식해'다.

소금 대신 곡식을 사용한 발효음식

'식해'라고 하면 발음상의 유사함 때문에 주로 '식혜'를 떠올리게 된다. 엿기름을 우린 웃물에 쌀밥을 넣어 만든 식혜가 전통 음료이자 전 국민이 사랑하는 음료로 널리 알려져 있기 때문이다. 반면 식해는 특정 지역에서만 발달한 탓에 그리 유명한 음식이 아니다. 그마저도 젓갈의 하위 부류처럼 인식되는 일이 잦다. 그래서인지 식해를 모르는 사람에게 이 음식에 대해 설명하려면 여간 힘든 게 아니다. 일단 그 식혜가 아니라는 이야기로부터 시작하게 되니까.

곡식을 뜻하는 '식'에 바다를 뜻하는 '해'가 합쳐져 만들어진 낱말인 '식해'. 식해는 과연 그 이름처럼 바닷가를 중심으로 발달한 음식이다. 인류의 저장 문화가 축적, 계승되어 온 여러 발효음식 중 하나로 볼 수 있다. 젓갈이 어패류의 내장이나 알을 다량의 소금에 절여 짜게 발효시킨 음식이라면, 식해는 소금이 아닌 곡식으로 발효시킨 음식이다. 젓갈만큼 짜지 않은 대신 저장 기간이 젓갈보다 짧다. 더운 남쪽보다는 비교적 서늘한 북쪽에서 발달했다. 때문에 이북에서 주로 식해가 발달하였고, 현재는 강원도와 함경도에서 식해 문화를 만날 수 있다.

실향민 1세대 식해 명인

실향민들의 도시로 시작된 속초도 바로 식해 문화를 만날 수 있는 몇 안 되는 도시 중 하나다. 그중 청호동 아바이마을에 있는 식해 전문점인 '김송순아마이젓갈'은 속초에서 가장 오래된 식해가게다. 지금까지 남아 있는 몇 안 되는 '직접 식해를 만들고 있는' 곳이라는 점도 중요하다.

현재 나이 91세인 김송순 할머니는 실향민 1세대이다. 고향은 함경남도 북청이다. 한국전쟁 때 아버지의 목선을 타고 온 가족이 다 함께 남쪽으로 피란을 왔다. 경북 울진의 죽변에 잠시 머물다 돌아갈 계획이었는데 어찌어찌하다 보니 속초에 터를 잡게 되었다고 한다. 당시 할머니의 나이는 23세였다.

할머니의 아버지는 속초에서 계속 배를 타고 고기를 잡으며 일했다고 한다. 김송순 할머니는 당시 수협 어판장에서 생선을 팔며 생계를 유지했다. 그러다가 40세가 되던 해에 식해장사를 시작하게 되었다. 할머니는 어떻게 갑자기 식해장사를 시작하게 되었을까?

고향인 함경남도 북청에서 살던 어린 시절, 할머니는 본인의 어머니께서 식해 담그는 모습을 종종 봤었다. 그렇게 어깨너머로 보고 배웠던 '식해 담그는 기술'을 40세에 속초에서 발현하게 될 줄은 자신도 미처 몰랐다고 한다. 이유는 대

가자미식해 명인 김송순아마이젓갈 대부분의 식해 전문점과 젓갈 전문점들은 젓갈을 대량으로 납품받아 판매한다. 반면 김송순아마이젓갈은 가족들이 여전히 직접 식해를 담그고 있다. 할머니는 2015년 속초의 '가자미식해 명인'으로 등록되기도 했다.

단한 게 아니었다. 그저 먹고살기 위해서. 너무 먹을 게 없어서 직접 반찬을 만들어보자 했던 게 시작이었다. 그렇게 가족과 함께 먹을 반찬을 마련하기 위해 고향에서의 기억을 떠올리며 식해를 만들기 시작했다.

할머니가 만든 식해는 금세 입소문을 탔다. 특히 서울에서 방문한 손님들이 우연히 할머니의 식해를 맛보고는, 특유의 담백한 맛에 반해 식해를 한가득 싸 들고 돌아가는 일이 많았다. 그렇게 입소문이 퍼지기 시작하면서 할머니는 이참에 아예 식해장사를 해야겠다고 마음먹었다.

입소문이 날 만한 이유

김송순 할머니가 직접 설명하는 가자미식해 만드는 과정을 살펴보면, 삽시에 퍼진 입소문의 이유가 이해된다. 입맛이 까다로워 가리는 음식이 많고, 특히 비린 음식을 일절 먹지 못하는 할머니에겐 비린내를 제거하는 게 가장 큰 과제였다. 일반적으로 가자미의 머리를 자른 뒤에 소금을 뿌려 재우는 방식과는 다르게, 할머니는 한 가지 고된 과정을 더 거친다. 바로 가자미의 지느러미를 일일이 다 잘라내는 일이다. 가자미의 지느러미가 비린내의 커다란 요인이기 때문이라고 한다. 그렇게 지느러미가 모두 손질된 가자미를 소금에 재워 이틀 밤을 보낸 후에 조밥에 담그면 점차 가자미식해의 모습을 갖춰간다.

가자미식해와 명태식해가 현재 김송순아마이젓갈의 주메뉴지만, 예전에는 햇데기식해도 빠질 수 없는 별미였다. 하지만 햇데기는 이제 더는 나질 않아 메뉴판에서 사라졌다. 명태 또한 과거와는 달리 고기 자체는 러시아에서 수입해 들여온다. 20년 전만 해도 명태와 햇데기를 식해로 맛볼 수 있는 '식해 호황기'였지만 지금은 원체 고기가 잡히질 않아 식해의 종류도 눈에 띄게 줄었다.

보통 젓갈을 구입하러 시장에 가보면, 식해나 젓갈을 가게 앞 매대에 내놓고 판매하는 모습을 볼 수 있다. 하지만 김송순 할머니의 가게에서는 식해를 만든 후 바로 냉동고에 저장해두기 때문에 상품이 진열된 모습을 찾아볼 수 없다. 그 덕분에 대장균을 비롯한 위생의 문제에서 비교적 비껴가 있다. 가게보다는 제조업의 느낌이 강하다고 할 수 있다. 고객의 대다수도 택배로 식해를 주문하는 타 지역 고객들이다.

직접 담가보면 일주일이 넘게 시간을 들여야 만들 수 있는 음식. 추운 곳에서 반찬을 오래 먹기 위해 저장해두던 음식. 그래서 유독 식해가 이곳 실향민들의 정서를 잘 담고 있는 음식이라는 생각이 든다. 식해를 만든 이유를 묻는 질문에 "먹을 게 없어서 반찬으로 먹으려고."라고 대답하는 할머니의 짧은 한마디 앞에서, 다른 반찬도 많은데 왜 하필 식해냐고 묻지 못했다. 혹시라도 할머니가 식해를 만들 때마다 고향에서의 어린 시절과 식해를 만들던 어머니의 모습을 떠올리진 않았을까, 괜한 생각이 들어서였다.

김송순 할머니께서 안타깝게도 지난 2019년 3월에 별세하셨다. 취재 당시에도 건강이 별로 좋지 않으셨지만, 흔쾌히 할머님의 안방으로 초대해주셨던 기억이 난다. 할머니께서 부디 좋은 곳에 영면하셨기를 바란다.

- **아바이마을** : 한국전쟁 이후 고향으로 돌아가지 못한 실향민들이 터를 잡고 살아가기 시작한 마을이다. 단층의 가정집에서 생선을 말리는 모습이 정겨운 곳이다. 아직도 오징어 할복장이 해변에 남아 있어서 그 독특한 모습을 구경할 수 있다.
- **함흥냉면옥** : 이북식 함흥냉면과 손만두를 맛볼 수 있는 곳으로 식당 내부에 걸려 있는 옛날 사진들이 식당의 오래된 역사를 말해준다.
- **진미막국수** : 얇은 면의 메밀막국수와 쫄깃하고 고소한 도토리냉면이 맛있는 곳. 겨울에는 만둣국도 별미다.

15 조양동 선사유적지

3000년 전에도 이곳에 사람이 살았다

속초의 중심부인 청초호 옆으로 길게 난 7번 국도를 달리다 보면 뜻밖의 진귀한 풍경을 마주하게 된다. 자동차들이 쉴 새 없이 달리는 도로와 그 일대를 차지하고 있는 주거지역 안쪽에 다름 아닌 '선사유적지'가 자리하고 있는 것이다. 선사유적지는 도시의 중심부보다는 변두리나 산자락에 위치할 것이라는 편견을 깨주는 풍경이다. 속초시 조양동에 있는 선사유적지는 주민센터와 아파트 단지, 각종 상업시설이 즐비한 도시 한가운데 보란 듯이 자리하고 있다. 그런 까닭에 처음 이곳을 방문할 때는 어느 정도 마음의 준비를 하는 것이 좋다. 나 또한 마치 유에프오(UFO)나 미지의 무생물을 마주한 것처럼 그 생뚱맞은 위치에 탄복하고 말았으니까.

선사인들이 선택한 최적의 생활 터전

이른바 빅히스토리(big history)라고 부르는 역사는 과거 어느한 시대에 국한한 연구나 특정 관점에서 접근한 역사가 아닌, 통합적인 관점에서 바라보는 역사를 말한다. 시간의 관점에서도 통합적이지만 학문의 관점에서도 통합적이다. 흔히 한국의 교육과정에서 배우는 역사 과목이 각 시기마다의 사회문화적 특징들을 구분하여 살펴보는 데에 반해, 빅히스토리는 사회학이나 문화인류학뿐만 아니라 지질학, 생물학, 물리학 등 자연과학의 영역을 함께 다룬다.

느닷없이 웬 빅히스토리인가 하면, 그런 의미에서 속초라는 도시를 이해하는 일이 한국전쟁 전후의 실향민 문화에 국한되거나 수산업이 흥했던 1960~70년대로 한정되어서는 안된다는 것이다. 빅히스토리까지는 아니더라도 선사유적지를 방문하기로 했을 때, 나는 속초의 기원이라고 불러도 좋을 먼과거의 단서 같은 것을 찾을 수 있지 않을까 내심 기대했다.

그런 기대를 비웃기라도 하듯 조양동 선사유적지는 마치동네 뒷동산마냥 여러 상점들이 옹기종기 모여 있는 골목 한쪽에 자리하고 있었다. 유적지를 오르는 길도 꼭 산책로처럼조성되어 있어서, 배드민턴이나 가벼운 운동을 즐기는 주민들이 눈에 보인다고 해도 전혀 이상할 게 없었다. 가벼운 산보를 하듯이 길을 따라 오르다보니, 잠깐 휴식을 위해 외출한 동네 주민이 된 것 같았다. 그렇게 걸은 지 5분이 채 되지 않아 동산의 정상이 눈에 보였다.

속초시 남쪽에 있는 조양동 일대는 낮은 구릉과 평야지대이면서 청초호와 접하고 있어 선사인들이 생활하기에 알맞은 입지조건을 갖추고 있는 곳이었다. 실제로 유적지 동산 정상에 올라서서 바라보니, 천연 전망대라고 불러도 좋을 만큼 속초 전경이 한눈에 들어왔다. 청초호와 속초 앞바다, 저 멀리 등대전망대까지 시야에 들어오는 것을 보고, 이곳이 안전한 구릉지대이면서도 바다의 수산자원을 손쉽게 거둘 수 있는 최적의 장소라는 걸 알 수 있었다.

택지개발사업 중 발견된 청동기시대 유적

정상에는 다섯 채의 초가집들이 낮게 웅크리고 있었다. 가까이 다가가보니 어딘가 여느 초가집과 달랐다. 뭐가 다른 걸까 했더니 집의 높이였다. 바닥을 파서 그 안에 집을 반쯤 묻은 형태로 건축한 움집은 현대인의 시선으로 보면 신기하다는 느낌보다는 그 생소한 집의 형태로 인해 다소 무섭다는 느

조양동 선사유적지의 움집 청동기시대 거주지였던 조양동의 움집은 바닥을 파고 만든 형태로 언뜻 지붕만 있는 것처럼 보인다.

낌마저 든다. 언뜻 보면 지붕만 있는 집처럼 보이기도 했다.

가까이 다가가 움집의 지붕을 이루고 있는 지푸라기를 살펴보니 그 익숙한 모양새에 조금은 마음이 누그러졌다. 움집은 과거의 것 그대로가 아니라, 선사시대의 모습을 조금이나마 엿볼 수 있도록 복원해 놓은 것이었다. 무려 3000년 전의 집인 것이다.

이 선사유적지는 조양동 택지개발사업 중에 발견되었다. 1992년 5월부터 7월까지 실시된 강릉대학교박물관의 발굴조사 결과에 따르면 이 유적지는 기원전 7~8세기의 청동기시대 주거지였다고 한다.

여섯 개의 주거지 중 특히 3호 주거지가 있던 터에서 매우 희귀한 유물이 출토되었다. 남한지방의 민무늬토기 유적에서는 흔치 않은 동북계 토기가 포함되어 있던 것이다. '굽손잡이그릇(굽다리잔토기)'이라고 부르는 그 유물은 신석기시대 말기 유적인 함경북도 무산 호곡동에서 출토된 유물과 유사한 것으로 남한에서는 처음으로 출토된 것이다.

이 때문에 조양동 선사유적지는 신석기시대 말기와 청동기시대 초기에 동북지방과 강원영동지역 간의 문화 교류를 확실하게 입증해주는 사료이자, 남한지방의 민무늬토기문화

형성에 있어서 강원도 영동지방이 매우 중요한 위치를 차지하고 있었음을 일러주는 유적지로 평가되고 있다.

매우 중요한 사료라는 평가와는 무관하게, 조양동 선사유적지는 현재를 살아가는 사람들의 발길이 거의 닿지 않는 듯했다. 움집의 지붕을 이루고 있는 지푸라기는 관리를 받지 못한 탓인지 세월의 풍파에 손상되어 있었고, 안내문들은 이곳의 역사적 위엄을 알려주기엔 너무나도 낡고 초라했다.

30여 년 전 택지개발사업 와중에 갑자기 선사시대 유물과 유적이 발견되어 이렇게나마 보존되는 것이 다행인 것은 분명하다. 하지만 선사시대에는 이곳에 현대인의 조상이 살았고 지금도 같은 동네에 여전히 사람들이 살고 있는데, 과거는 아무래도 상관없다는 듯 우린 그렇게 무심한 표정을 지으며 살아가고 있는 것인지도 모르겠다. 주택가 한가운데에 있는 위치 때문일까, 아니면 지금 발 딛고 있는 세상에서 너무나도 멀리 떨어진 선사시대라는 역사적 위치 때문일까. 고즈넉한 산책로로서도 훌륭하고 선사시대 유적지라는 면에서도 속초에겐 매우 희귀하고 소중한 공간이건만, 조양동 골목 한가운데에 있는 선사유적지는 지금 우리에겐 너무 가까이 있으면서도 너무 멀리 있는 듯하다.

16 속초시립박물관
인문학적 속초 여행의 시작점

조양동 선사유적지를 취재하면서 이곳에서 출토된 유물들은 대체 어디에 보관되어 있는지 궁금해졌다. 찾아보니 전시 장소는 속초시립박물관이었다. 지금껏 박물관의 존재를 몰랐던 건 아니지만, 정작 그곳에 대해 알고 있는 것을 떠올려보니 딱히 없었다. 유명한 척산온천과 순두부마을 때문에 빈번하게 지나쳤을 속초외곽도로 '관광로'에 다다르자 그제야 박물관의 팻말이 눈에 들어왔다.

속초시립박물관에서 만난 학예연구사는 "초창기에는 박물관이 어디 있는지 모르는 사람들이 많았습니다. 당시에 일부러 택시를 타고 출퇴근했었어요. 박물관에 대해 조금이라도 알릴 수 있을까 해서요."라고 말했다. 그만큼 많은 이들에

속초시립박물관의 전시실과 전망대 제1전시실에서는 선사시대부터 근세까지 속초의 역사를 만날 수 있고, 제2전시실에서는 어업과 실향민의 문화 등 속초의 현재를 만날 수 있다. 전시실을 나와 전망대에 오르면 실향민문화촌과 발해역사관은 물론 설악산까지 조망할 수 있다.

게 알려진 박물관은 아니지만, 한층 깊이 있게 속초를 이해하고 싶은 여행자라면 이곳을 여행의 시작점으로 삼아도 좋을 것이다.

시립박물관, 실향민문화촌, 발해역사관

속초시립박물관은 2005년에 설립되었다. 처음에는 문화사업으로 박물관 설립이 추진되고 다른 한편으로는 관광사업으로 실향민문화촌 설립이 추진되었다. 그렇게 나뉘어져 있던 문화와 관광을 하나로 통합해서 더욱 커다란 효과를 내자는 취지로 박물관과 실향민문화촌이 하나로 합쳐 계획되었다.

속초의 전반적인 역사와 속초의 어촌을 비롯한 실향민 문화를 전승하자는 의미로 기획된 속초시립박물관의 외부에는 박물관과 상호연계되는 공간으로서 실향민문화촌이 마련되어 있다.

이외에도 웬 탑처럼 솟은 건물이 하나 더 있는데 '발해역사관'이라고 적혀 있다. '속초에 웬 발해?'라고 생각하며 안

실향민문화촌의 아바이마을 청호동 골목 물자가 없어 판자, 깡통 등을 구해다가 만든 작은 부엌과 단칸방으로 이루어진 당시 공동주택의 모습을 고스란히 재현해놓았다. 50년이 넘은 오래된 가옥들 사이의 좁은 골목에서 고향을 잃은 피난민의 고난을 어렵지 않게 상상해볼 수 있다.

으로 들어서면 속초와 발해의 연관성에 대한 설명부터 눈에 띈다. 속초 일대는 발해 영토에 속했고, 발해와 신라가 교류할 때 무역로이자 완충지대의 역할을 했다. 발해가 일본과 교류할 때도 기항지로 속초지역을 이용했다고 한다. 2006년부터 2007년까지, KBS에서 방영된 드라마 〈대조영〉이 선풍적인 인기를 끌었는데 전시장에도 대조영과 관련한 전시가 중심을 이루고 있다.

실향민문화촌과 연결된 박물관의 제1전시실은 선사시대의 속초에서부터 시작한다. 외옹치에서 출토된 신석기 유물, 청호동에서 출토된 후기 구석기에서부터 초기 철기시대 유물들이 전시되어 있다. 선사시대, 중세, 근세에 이르기까지 각 시기별로 속초가 어떻게 변모해 왔는지, 각종 유물과 사료를 바탕으로 속초의 시대별 역사와 문화의 흐름을 한눈에 살펴볼 수 있다.

1층에 마련된 제2전시실은 본격적으로 속초의 현대를 다룬다. 입구에 들어서면 어촌과 어업에 관한 전시가 주를 이룬 것을 볼 수 있다. 채취어구의 종류에 대한 상세한 설명과 더불어 어로 도구들이 전시되어 있다. 속초가 1960~70년대에 어업으로 성장한 도시인만큼 도시의 근간을 이루고 있는

산업을 자세히 살펴볼 수 있는 공간이다.

제2전시실의 안쪽으로 들어가면 박물관에서 가장 중요한 부분인 실향민의 역사, 문화에 대해 살펴볼 수 있는 공간을 만나게 된다. 실향민들이 속초에서 어떤 역할을 했고, 어떤 생활을 했는지를 보여주는 당시의 집이 복원되어 있고, 각종 생활용품과 옷 같은 삶의 구체적인 흔적들을 마주할 수 있다.

제2전시실을 통해 속초는 수복과 함께 새로 태어난 도시고, 그런 도시의 근간이 된 것은 피란민들이라는 자명한 사실을 다시금 깨닫게 되었지만, 그건 단순히 숫자의 문제가 아니라는 사실 또한 깨달았다. 중요한 건 실향민들로 인해 어업이 성장하며 그들이 주축이 되어 도시가 성장할 수 있었고, 또한 실향민 문화를 토대로 속초가 관광도시로 거듭날 수 있었다는 것이다.

제2전시실에서 나오면 어린이박물관이라 부르는 제3전시실이 있는데, 강원도에서는 처음으로 어린이들이 민속체험을 할 수 있도록 마련한 공간이다. 이곳은 속초에서 전승되고 있는 민속문화들을 살펴보고 체험할 수 있는 공간으로 방문객들로부터 가장 인기 있는 곳이다.

속초시립박물관은 제1전시실, 제2전시실, 제3전시실 이외에도 기획전시실이라는 별도의 장소를 두고 박물관 자체 기획으로 1년에 두 차례 내외의 전시를 진행해오고 있다. 2019년 4월에는 '대포, 기록으로 다시 보다'라는 대포항에 관한 전시를 진행했다. 3·1운동의 시발점이 된 대포만세운동과 속초 근대화의 상징과도 같은 대포항의 역사에 관한 신문 기사들을 모아서 전시했다. 뿐만 아니라 대포항의 역사를 애니메이션으로 제작해서 어린이들도 거부감 없이 전시를 관람할 수 있도록 했다.

실향민들을 잊지 않는 박물관

'실향민박물관'이라고 칭하기도 하는 속초시립박물관은 실향민 문화를 근간으로 한 전시를 꾸준히 진행해왔다. 2007년, 고향을 그리워하는 실향민들의 마음을 담은 '두고 온 고향, 그리운 산하'라는 전시가 그 시작이었다. 일제강점기에 일본에서 한국의 풍경과 건물들의 모습을 담은 엽서를 제작했는데, 그 엽서들을 수집하고 북한 각 지역의 풍경과 주요 건물을 배경으로 만든 엽서들만을 추려 사진으로 제작해서 전시한 것이다.

이후 실향민들이 초기에 피란하던 모습을 담은 사진과 대중가요 속 피란민을 주제로 한 노래들을 편집하여, 사진과 노래를 통해 실향민 문화를 살펴보는 전시도 진행했고, 한국전쟁 당시 사진, 전쟁물자, 구호물품들을 모아 전쟁의 참상을 전시하기도 했다. 약 10년간 실향민을 큰 줄기로 삼은 전시들이 이루어졌고, 이를 토대로 2017년에 열린 '실향을 딛고 세운 도시, 속초'라는 상설 전시의 기반을 축적해올 수 있었던 것이다.

속초를 이해하고 싶은 인문학적 여행자라면

속초시립박물관은 속초의 향토문화와 역사의 구심체 역할을 목표로 설립되었다. 건립이 추진되던 2000년대 초반만 하더라도 속초의 문화를 한데 엮어 보여주는 공간이 없었다. 그런 연유로 지금까지 박물관은 '속초 문화의 근간은 무엇인가', '속초란 어떤 도시인가' 같은 근본적인 질문들을 끊임없이 스스로에게 던지며, 속초라는 정체성을 잃지 않고 운영되어올 수 있었다. 지금은 여기에서 보다 발전하여, 지역 내 청소년과 어린이들을 위한 문화교육의 기반시설로서의 역할까지 맡고 있다. 초등학생을 위한 '박물관 문화 학교'를 비롯해 청소년들이 속초의 실향민 문화를 알아갈 수 있는 '길 위의 인문학' 같은 프로그램도 운영하고 있다.

　속초시립박물관이야말로 속초 관광, 속초 여행의 시작점이 될 수 있지 않을까? 속초의 역사와 문화에 관한 배경지식을 얻을 수 있는 가장 인문학적인 공간이 바로 이곳이니까. 작년에 처음으로 12만 명이 넘는 방문객이 다녀가며 블로그에 '아이와 함께 꼭 가봐야 할 곳'으로 회자되는 등 이미 많은 입소문을 타고 있지만, 무엇보다도 속초 여행자들이 도시를 이해하는 첫 시작점으로 속초시립박물관을 택한다면, 속초를 보다 두텁고 풍성하게 여행할 수 있을 것이다.

- **척산온천** : 가열하지 않은 천연온천수(53도)를 사용하여 온천탕, 사우나, 풀장을 운영한다. 1973년에 문을 연 오래된 온천이다.

- **크래프트루트** : 속초의 수제 양조장이자 브루어리펍으로 운영되는 곳이다. 대포항, 갯배, 속초IPA 등 속초를 주제로 한 수제 맥주를 캔으로도 판매하며 샘플러로 즐길 수도 있다.

- **너울집** : 한옥으로 된 집과 넓고 아름다운 정원이 조화를 이루는 카페. 인절미크림이 올라간 너울라떼가 시그니처 메뉴다.

17 대포항
100년 넘는 역사를 가진 속초의 관문

10여 년 전, 대학생 시절에 친구 여럿과 함께 속초로 여행을 떠난 적이 있다. 그들에겐 여행이었지만 내겐 아니었다. 속초에서 태어나 스무 살까지 줄곧 속초에서 자란 나는 자연스레 그들 여행의 가이드 역할을 떠맡았다. 아니, 부산도 강릉도 아닌 속초로 그들의 등을 떠민 게 나였을지도 모르겠다. 어찌 됐건 친구들과 함께 고향으로 여행을 떠나야 하는 처지가 된 나는, 그들에게 속초를 구경시켜준다는 빌미로 거리 이곳저곳을 어슬렁거리다 몇 가지 새삼스러운 사실들을 깨닫고는 적잖이 당황했던 기억이 있다.

환상의 속초와 현실의 속초

친구들이 속초라는 도시에 대해 품은 기대는 분명했다. 일본의 전원을 배경으로 펼쳐지는 이른바 '소확행'의 메시지를 담은 영화처럼, 그들이 머릿속에 그렸던 속초는 작고 느리고 미니멀한 도시에 가까웠다. 아무도 없는 텅 빈 바닷가엔 에메랄드 색 파도, 쓰레기 한 점 없는 하얀 모래, 그 어떤 낙서도 없고 전단지도 붙어 있지 않은 회색 방파제엔 낚시꾼 몇 명.

그때만 해도 속초가 지금만큼 관광지로 유명했던 것이 아니라서, 그들은 마치 그들만 아는 비밀의 장소를, 낙원과도 같은 휴양지를 발굴한다는 심정이었던 것 같다. 그리고 지금에 와서 돌이켜보면, 속초에 관해 이야기하는 나의 태도 또한 친구들이 그런 류의 환상을 품도록 빌미를 제공했을 것이다. "산도 있고 바다도 있고 호수도 있어." "아무 생각 없이 걷다 보면 바닷가 앞에 도착하게 돼." "아침에 일어나 창밖을 보면 뒤편으로는 호수, 앞으로는 바다가 보여." 같은 말들.

하지만 그건 실제 속초의 모습이 아니었다. 친구들과 함께 들뜬 기분으로 바닷가에 다다르자, 형형색색의 간판과 네온사인이 즐비했다. 백사장 곳곳에는 먹다 버린 캔과 비닐봉지가 있었고, 방파제 돌 위엔 래커로 쓴 중국집 전화번호가 있었다. 바닷가 근처 골목에는 조선소, 공업사 등 거친 일터의 숨결이 가득했다. 친구들의 표정은 무덤덤했다. 그중 한 명이 말했다. "다른 도시랑 다를 게 없네." 냉소적인 그 말에 곧장 고개를 끄덕일 수밖에 없었는데, 그렇게 납득이 갔던 상황이야말로 나를 더욱 당황케 했다. 당황한 만큼 신속하게 술에 취했다. 허탈하게 웃으며 새우튀김을 안주 삼아 파라솔 밑 플라스틱 의자에 앉아 맥주를 마셨던 그곳은 대포항이었다.

속초를 낳은 항구

그곳이 대포항이었다는 사실은 뒤돌아보면 아이러니하다. 속초에 얼마간 실망한 친구들과 그들을 만족시키지 못한 탓에 허망했던 내가 새우튀김과 맥주를 앞에 두고 도시가 이렇다 저렇다 이야기를 나눴던 곳이 다름 아닌 속초의 기원과도 같은 장소였기 때문이다.

왜 하필이면 대포항이었을까? 값싸고 싱싱한 해산물을 맛볼 수 있고, 아치 모양의 항구를 따라 야외에 길게 늘어선 난전에서는 밤바다의 풍경을 즐기며 새우튀김을 맛볼 수 있어 선택한 곳이었다. 한마디로 나는 대포항이 어떤 곳인지도 모른 채 그냥 갔던 것이나 다름없었다.

아치형의 대포항 옆 주차장(위)과 대포항의 튀김골목(아래) 110여년 전 개항하여 다양한 문화가 유입되는 관문의 역할을 하였고, 독립운동의 거점이었던 대포항의 역사에 대해 아는 사람은 많지 않다. 대포항의 역사를 알리는 이정표나 설명은 찾기 힘들고 튀김골목과 횟집 등 각종 상업시설과 간척사업으로 만든 넓은 주차장이 관광객들을 맞이하고 있다.

다른 지역에서 속초를 방문할 때나 반대로 속초에서 외부로 나갈 때, 가장 먼저 그리고 가장 마지막으로 눈에 보이는 항구가 바로 대포항이다. 즉, 대포항은 다른 지역에서 속초로 들어올 때 가장 먼저 인사를 건네는 관문과도 같은 항구인데, 공교롭게도 항구의 역사 또한 속초의 관문 역할을 한다. 이유인즉슨 대포항이 다름 아닌 속초 최초의 항구이며, 그런 의미에서 속초가 대포항에서 비롯된 도시라고 얘기해도 과언이 아니기 때문이다.

대포항은 지금으로부터 무려 110여 년의 세월을 거슬러 올라간 1909년 2월에 개항했다. 일제강점기 대포리는 도천면 소재지로 수산조합, 어업조합 등이 있었던 속초 최초의 기항지였다. 그뿐만 아니라 동해안에서 가장 규모가 큰 항구로, 다양한 문화가 유입되는 문호 역할을 담당했다.

수산업과 상업이 크게 번성하여 '큰 포구'라는 뜻으로 대포항이라는 이름을 얻었다. 교통의 요지로 일본인들이 23가구(93명)나 거주하던 곳이기도 했고, 대포만세운동이 일어났던 독립운동의 장소이기도 했다. 중도문리에 거주하던 이석범 선생이 주도한 대포만세운동은 1919년 4월 5일 대포항을 거점으로 대대적으로 펼쳐진 것으로 기록되어 있다. 대포항을 포함한 양양지역에서는 만세운동 이후에도 청년과 기층 민중들 중심으로 대중운동이 활발히 진행되기도 했다.

대포항에 앉아서 새우튀김에 맥주를 마시며 "속초도 다른 도시와 다를 게 없네."라고 말하며 실없이 떠들던 그때의 우리처럼, 모르긴 몰라도 꽤 많은 사람들이 대포항의 과거와는 무관하게 그곳을 방문하리라. 왜냐하면 대포항의 과거 모습을 엿볼 수 있는 그 어떤 귀띔도, 이정표도 좀처럼 찾아보기 힘들기 때문이다. 친구들과 찾았던 그때도 대포항은 먹고 마실 수 있는 상업시설만이 가득했던 모습으로 기억나는데, 지금은 그 난전의 모습마저도 그리울 정도로 예전 모습은 온데간데없다. 난전은 튀김골목 형태로 긴 통로의 상가건물 안에 일렬로 통합되었고, 간척사업으로 매립하여 생겨난 땅은 여행객들을 위한 커다란 주차장으로 이용되고 있다.

속초의 발원지라고도 할 수 있는 대포항은 시나브로 아득한 시간 속으로 잊히고 만 것일까. 지금 우리의 눈에 비친 속초의 모습을, 이 도시가 오랜 세월 제 나름대로 세상에 적응한 결과라고 받아들여야만 하는 것일까. 대포항을 바라보며 속초는 어떤 도시이며, 앞으로 어떤 도시로 세상에 자리매김할지 자문하게 된다.

18 설악산 자생식물원

속초판 타샤의 정원

천혜의 자연환경을 품은 도시, 속초를 여행하는 코스는 크게 바다와 산 두 가지로 나뉘곤 한다. 바다 여행은 다양한 모습과 특색이 있는 여러 항구와 해변을 따라가며 저마다의 매력을 느낄 수 있지만, 산으로 가고자 결심한다면 오로지 설악산으로 가는 수밖에 없다.

설악산 입구의 공원에서 흔들바위 쪽으로 갈 것인지, 비룡폭포 방면으로 갈 것인지, 비선대로 갈 것인지 등 설악산도 물론 그 안에 여러 선택지가 있어 단조로운 코스는 아닐 것이다.

다만 한번 오르면 되돌아오기에 꽤 먼 여정이기에 충분히 안배된 체력을 요하는 곳임에 틀림없다. 의욕 넘쳤던 계획과

두근거렸던 마음이 하루 이틀 지나며 조금씩 지치고 느슨해지기 시작할 때, 여행의 막바지에 설악산을 오르기에는 체력이 부담스러울 때, 천천히 소요(逍遙)하듯 설악산을 느낄 수 있는 곳이 있다.

무리하지 않고 설악산을 만날 수 있는 곳

설악산은 1982년도에 한국에서 처음으로 유네스코 '생물권 보존지역'으로 지정되었을 만큼 다양하고 아름다운 수목과 각종 동식물의 중요한 서식지이다. 제주도의 식물원에 가면 제주도의 기후적 특성에 맞는 선인장과 야자수 등을 많이 볼 수 있는데, 속초에도 설악산의 특성을 반영하여 운영 중인 식물원이 있다.

비교적 근래에 개관한 탓에 많은 이들에게 생소할지도 모를 이 식물원은 속초의 북쪽 끝 '학사평'을 지나 골목을 굽이굽이 따라 들어가면 만날 수 있다. 이곳이 설악산의 초본(草本)과 수목(樹木)을 생생하게 만날 수 있는 '설악산 자생식물원'이다.

설악산 국립공원에서 설악산의 울창한 나무와 바위, 경이로운 모양새의 기암괴석을 경험할 수 있다면 자생식물원은 말 그대로 설악산의 크고 작은 식물을 친절하게 알려주는

설악산의 축소판 설악산 자생식물원 설악산을 향하는 속초의 북쪽 끝에 위치한 이곳에서는 웅장한 설악산의 원경과 설악산에 서식하는 식물들의 근경을 한번에 즐길 수 있다.

곳이다. 특히 여행 시 노약자나 어린아이를 동반한 경우에도 무리하지 않고 설악의 향기를 자그맣게나마 체험할 수 있는 공간이라고 할 수 있다.

식물원에 진입하기 직전에 집집마다 잘 가꾸어진 바람꽃마을을 지나가는 재미도 쏠쏠하다. 속초의 북쪽에 위치한 이 마을은 1961년 군사정권에 의한 집단 이주로 생겨났는데, 한동안 '자활촌'으로 불리다가 2004년부터 '바람꽃마을'이라는 명칭을 얻고 새로 일구어졌다. 속초에서 가장 고즈넉한 전원 풍경을 엿볼 수 있는 바람꽃마을 길가에는 조용하고 예쁜 카페와 부엉이박물관도 있어 식물원과 함께 가족 단위로 방문하기에도 좋을 듯하다.

다섯 가지 테마로 만나는 온전한 휴식

설악산 자생식물원은 테마에 따라 다섯 개의 공간으로 구분된다. 첫째 암석원, 둘째 수생식물원, 셋째 야생화단지, 넷째 숲속탐방로, 마지막 자연산책로까지 다섯 가지 코스로 식물원을 살펴볼 수 있다. 또한 코스들이 모두 큰 타원형 길로 연결되어 있어서 천천히 아무 생각 없이 걷다 보면 다섯 곳을 모두 방문하는 셈이기도 하다.

시간 여유가 없다면 개인적으로 둘째 코스 '수생식물원'과 넷째 코스 '숲속탐방로' 두 곳을 속성으로 방문하길 추천한다. 수생식물원은 작고 고요한 연못과 함께 각종 희귀 동식물을 만날 수 있는 아름다운 곳이다. 특히 수생식물원 연못에는 네가래, 수련, 갯버들과 같은 식물군과 1급수의 지표인 버들치, 수달이 살고 있다. 연못에 가까이 다가가 자유로이 물속을 헤엄치고 있는 버들치를 구경하는 재미도 좋고, 잔잔하게 물결이 일렁이는 연못을 바라보고 있는 것만으로도 마음이 평온해진다.

숲속탐방로는 마치 동화나 판타지 영화에 나오는 숲속을 걷는 것처럼 신비롭고도 흥미로운 모험을 선사하는 곳이다. 우거진 숲속 흙길에 발을 디디면 다른 코스와 확연히 다른 공기의 무게가 느껴져 이곳이 설악산의 일부임을 실감케 한다. 내가 방문했던 6월 초에는 흙길마다 작은 산딸기가 앙증맞게 익고 있어 동화에서나 나올 법한 아름다운 숲속에 들어온 듯했다.

그 외의 코스들은 다양한 식물 체험에 집중한다. '암석원'은 설악산의 희귀식물과 고산지대에 생육하는 식물을 볼 수 있는 곳이다. 설악산은 태백산맥의 최북단에 위치하기 때문에 저지대와 고지대가 12~13도 이상의 기온차를 보여 매우 다양한 식생이 분포한다고 알려져 있는데, 암석원에서는 이러한 설악산 식생의 특징이 가장 크게 드러난다.

'야생화단지'에서는 계절별로 아름다운 자태를 뽐내며 설악산에서 자생하는 초본들이 피고 지는 모습을 관찰할 수 있다. 애기기린초, 자주꽃방망이, 산비장이 등 보통 식물원이나 공원에서 만날 수 있는 식물들과는 또 다른 매력과 희귀함을 지닌 야생화를 체험할 수 있는 곳이다.

설악산 자생식물원의 암석원 설악산의 희귀 식물과 고산지대에서 생육하는 식물들이 있다. 설악산 등산을 하더라도 모르고 지나치기 쉬운 식물들을 하나씩 살펴보는 것은 설악산을 만나는 또다른 방법이다.

4만 평이 넘는 부지에 자생 및 희귀식물 총 123종, 5만여 본의 수목 및 초본류가 식재되어 있으며 설악산 희귀식물의 보전과 증식, 또한 자연학습 체험장의 목적으로 조성된 설악산 자생식물원. 식물을 사랑하는 '식물 덕후'라면 이곳에 반하지 않고는 못 배길 식물들의 낙원이다. 식물에 대한 지식이 전무하다고 볼 수 있는 나 같은 평범한 사람도 자연의 온기에 흠뻑 젖어 일상을 잊어버리고 마는 곳이 바로 이곳이 아닐까 싶다. 기존 천연림을 훼손하지 않고 야생화단지와 조화를 이루는 방식으로 최소한의 돌과 나무로 조성되었기 때문에 아이와 함께 방문하기에도, 나이 든 부모님과 함께 방문하기에도 좋은 모두를 위한 휴식처이다. 미국인이 가장 사랑해 마지않는 정원, 타샤의 정원이 한국에도 있다면 바로 이런 곳이 아닐까? 설악산 자생식물원은 구석구석 세심한 손길로 가꾸어져 있는 온전한 휴식의 공간이자 설악산의 식물들을 한눈에 감상할 수 있는 속초의 정원이다.

- **설악산국립공원** : 마음먹고 등산을 하지 않더라도 소공원을 산책하는 것 만으로도 좋다. 비선대, 비룡폭포, 흔들바위 등 가벼운 옷차림으로 갈 수 있는 코스를 선택할 수 있다. 소공원 입구의 작은 식당들에서 도토리묵, 파전, 막걸리를 즐기는 재미도 있다.
- **그나데** : 설악산 자생식물원으로 가는 길목에 위치한 카페. 잘 꾸며진 아담한 정원이 매력적이며, 핸드드립 커피와 오디토스트가 맛있다.

19 동아서점

3대째 이어온 특별한 동네서점

이따금씩 여행 중에 동아서점에 들른 손님이 "여기가 왜 유명해요?" 하고 묻는 경우가 있다. 그러면 나는 "글쎄요. 사실은 유명하지 않아요." 같은 소심한 대답으로 일관하곤 했다. 이번에는 그 질문에 조금이나마 대답해보려고 한다.

60년 넘은 속초 최초의 서점

동아서점은 속초 교동우체국 옆, 속초초등학교 앞에 위치한 동네서점이다. 규모는 100평이 약간 넘고 취급하는 책은 예술, 과학, 철학에서부터 취미, 실용, 그림책, 문제집까지 모든 장르이다. 얼핏 보면 여느 서점처럼 책들이 분류되어 있지만, 자세히 살펴보면 누군가 깨알같이 쓴 글씨로 아기자기하게 분류된 책들도 눈에 띈다. 손님들의 물음처럼 동아서점은 왜 특별할까? 특별하긴 한 걸까? 우선 간판 옆에 적힌 '1956'이라는 숫자에서 이야기를 시작해야 할 것 같다.

동아서점은 1956년에 처음 문을 열었다. 당시 동아일보사의 속초 주재 기자였던 김종록 씨가 강원도 속초시 중앙동에 '동아문구사'를 열었던 게 그 시작이었다. 상호에서 알 수 있듯 그곳은 문구사였다. 연필, 공책 등의 학용품과 원고지, 갱지 등의 지류, 그리고 줄넘기, 배구공 같은 체육용품 등을 팔았다. 물론 소량이지만 책도 판매했다. 그나마 있던 책들은 잡지 위주였다. 〈아리랑〉, 〈명랑〉 같은 50년대 중반에 창간된 잡지들을 소량 취급했다.

1966년에 상호를 동아서점으로 바꾸면서 문구류가 사라지고 책만 판매하기 시작했다. 이때 출판사 학원사의 대리점을 맡았던 게 서점으로 자리 잡는 데에 많은 도움이 되었다. 학원사는 당시 잡지 〈주부생활〉, 〈학원〉, 〈농원〉 등을 펴내며, 참고서 '간추린' 시리즈를 선보이는 대형 출판사였다.

1972년부터는 출판사 동아출판의 대리점을, 연이어 출판사 민중서관, 교학사 등의 대리점을 맡으며 차츰 서점으로서 틀을 갖추게 되었다. 속초 시내와 고성, 양양 등 영북지역에

1960년대 동아서점의 모습 동아서점은 1956년부터 속초를 지켜온 속초의 가장 오래된 서점이다. 문구류를 빼고 본격적으로 서점 영업을 시작한 것이 1966년의 일이다.

교과서와 잡지를 비롯한 책을 공급하는 지역 총판의 역할을 했다. 그렇게 동아서점은 속초의 첫 서점으로 발걸음을 뗄 수 있었다.

동아서점은 다른 가게들과 마찬가지로 가족의 생계를 위해 만들어진 서점이자 가족이 운영하는 서점이었다. 1956년에 처음 문을 열었던 김종록 씨에 이어, 1978년부터는 그의 아들 김일수 씨가 대를 이어 서점 운영을 맡았다. 서점 운영을 맡은 지 2년 후인 1980년에 김일수 씨는 아내 최선희 씨와 결혼하였고, 그렇게 김일수, 최선희 부부가 40년 가까운 세월 동안 동아서점을 운영해왔다.

서점의 호시절

김일수, 최선희 부부의 시작은 고되지만 보람된 나날이었다. 1980년대 초반부터 1990년대 후반까지는 학습 참고서의 호황기였다. 신학기인 3월에는 수백 권의 참고서를 쌓아놓고 판매했고, 하루 종일 계산을 기다리는 줄이 끊이질 않았다. 식사도 제대로 하지 못한 채 빵과 우유로 끼니를 때우며 손님을 맞아야 했지만, 하루하루 일한 만큼의 대가가 고스란히 주어지는 날들이었다.

동아서점의 현재 모습 60년이 넘는 세월의 흐름에 따라 서점의 외관뿐만 아니라 내부의 책 목록과 운영 방식도 계속 변화해왔다.

젊은 부부는 1986년에 2층이었던 동아서점 건물을 4층으로 증축하고, 서점 위층에 보금자리를 마련했다. 아래층에서는 서점 일을 돌보느라, 위층에서는 세 아들을 기르느라 정신없이 바쁜 시절이었다.

1990년대에 들어서도 서점의 상황은 계속 수월했다. 그때부턴 본격적인 월간지와 만화 주간지, 만화책의 시대였다. 〈주부생활〉, 〈여성중앙〉, 〈우먼센스〉 등의 여성 잡지, 〈아이큐점프〉, 〈소년챔프〉 등의 만화 주간지, 『드래곤볼』, 『슬램덩크』 등의 만화책들. 이 시기에 청소년기를 보낸 사람이라면 누구나 공감할 만한 제목들이다. 운영이 가장 활발했던 1990년대 중반에는 약 500개의 출판사와 직거래하기도 했다.

진짜 '책'에 집중하는 서점

그러나 반짝이던 순간도 어느새 지나가버리고, 동아서점은 2005년부터 본격적인 매출 감소를 겪기 시작했다. 매달 수금을 위해 찾아오던 출판사 영업사원들의 긴 줄이 사라지는 데에는 그리 오랜 시간이 걸리지 않았다. 사람들은 인터넷으로 책을 주문하기 시작했다. 부부가 과연 이대로 서점을 계속할 수 있을지 처음으로 고민을 시작했던 시기가 바로 이때였다.

그 후로 10년이라는 세월이 가쁜 숨을 몰아쉬면서 어떻게 든 흘렀고, 2014년에 이르자 더 이상 서점을 운영할 수 없는 상황이 되었다. 가족의 생계를 위해 열었던 서점인 만큼, 서점뿐만 아니라 가계를 운영하기에도 빡빡한 사정이었다. '그만둘 것인가, 계속할 것인가'의 선택지 앞에서 한참을 고민하던 중년의 부부는 2014년에 셋째 아들인 나에게 서점 운영 합류를 제안했다.

2015년의 동아서점은 가게 인테리어도 바뀌었고, 흘러나오는 배경음악도 바뀌었다. 하지만 우리가 가장 중점을 둔 건 바로 '책을 바꾸는 일'이었다. 학습참고서 위주로 판매해오던 기존 방식을 버리고, 단행본, 그러니까 진짜 '책'에 집중하는 서점으로 탈바꿈하고자 했다.

매장에 들여놓는 모든 책을 손수 고르고 주문하면서 다시 천천히 독자들로부터 신뢰를 얻어가자는 마음이었다. 서점 운영을 맡은 지 2년이 지난 2016년에 나는 서점의 단골손님이었던 이수현과 결혼했다. 그렇게 아내는 나와 함께 서점 운영을 맡게 되었다. 현재 동아서점은 김일수, 최선희, 김영건, 이수현이라는, 두 부부이자 네 명의 가족이 운영하고 있다.

'왜 특별한가요?'라는 질문에 답하고자 이야기를 시작했

동아서점의 북큐레이션 오직 동아서점에서만 볼 수 있는 책의 분류와 소개다.

는데, 지면의 끝에 다다르고 보니 그다지 특별할 게 없는 게 아닌가 하는 생각이 든다. 겸손으로서가 아니라, 사실이 그렇다. 동아서점은 다른 가게들과 조금도 다를 바 없이 먹고 살기 위해 가게를 시작했고, 그 사실은 2019년 현재에도 여전히 변함없기 때문이다.

다만 오랫동안 어느 가족이 꾸준히 해온 한 가지 일이 있다는 게 특별한 점이라면 그럴 수도 있겠다. 매일 문을 열고 불을 켜고 책을 정리하다가 밤이 되면 문을 닫는 일만을 반복해왔는데, 그렇게 동아서점에는 63년이라는 세월이 쌓였다. 63년 간 쌓여온 한 가족의 꾸준함이 눈부신 특별함은 아닐지언정 누군가에겐 작은 감동이 될 수 있지 않을까? 앞으로도 지금처럼, 부디 오래도록 일하는 동아서점이고 싶다. 그게 아버지의 말처럼 '백년서점'이라면 더할 나위 없겠다.

- **커피벨트** : 직접 로스팅한 12종의 원두로 커피를 내리는 속초 1세대 핸드
  드립 카페. 주인장의 솜씨가 들어간 퀼트 작품이 전시되어 독특한 분위기
  를 더한다.
- **조롱박** : 2대째 영업 중인 즉석떡볶이 전문점. 옛날 노래가 흘러나오는 식
  당에서 보글보글 끓는 떡볶이와 야채빵을 먹으면 타임머신을 타고 과거로
  돌아간 기분이다.
- **내일은니가쏴라** : 주인이 매일 구입한 재료를 쇼케이스에 진열하고 손님
  이 원하는 메뉴를 만들어주는 속초의 '심야식당'. 주로 제철 생선과 해산
  물을 사용해 만든 요리를 각종 주류와 함께 즐길 수 있다.

20 (구) 수협 건물
사라져가는 속초 수산업의 영광

여행지나 가게가 아니라 속초의 한 건물에 대해 이야기하려고 한다. 건물이라는 표현을 쓴 이유는 이곳이 현재 사용되지 않는 공간이기 때문이다. 비어 있고 용도가 없는 곳이다. 그렇지만 이 건물은 속초에서 아주 중요한 공간이다. 적어도 20년 전까지는. 바로 '구 수협' 건물. 그러니까 옛날 '수협'이 있던 건물이다.

속초 수산업의 역사

수협 건물은 그야말로 속초 수산업의 역사와 함께해온 터전이자, 속초라는 도시의 근간을 마련해준 공간이라고 할 수 있다. 이곳에 대해 이야기하려면 먼저 속초의 수산업이 어떻게 발전했는지를 짧게나마 살펴봐야 한다.

속초라는 도시는 수산업과 함께 성장하였다. 한국전쟁이 발발한지 1년째 되는 1951년, 현재 속초지역이 수복되었을 당시, 이곳은 피란민들이 구성원의 대부분인 도시였다. 속초에 정착한 이 피란민들의 70% 이상이 바로 어민 출신이었다.

이북에서 본인이 소유한 배를 타고 건너와서 그 배를 이용해 고기를 잡으며 일했던 사람들도 적지 않았다. 동해안의 거대한 어장이 확보되어 있고, 청초호라는 큼직한 석호에 배들을 안전하게 출입하고 정박할 수 있었으니, 열심히 배를 타고 일하면 먹고사는 일은 해결할 수 있었다.

1950년대에서 1960년대에 걸쳐 전국 각지에서 전입 인구가 꾸준히 증가했다. 속초의 수산업이 전국적으로 알려지면서 일자리를 찾아 이곳으로 이사 오는 사람들이 늘었던 것이다.

1963년 속초읍이 속초시로 승격했을 당시에는 속초 인구가 총 5만 명에 이르며 유래 없는 최고조를 달했다. 당시 일을 하는 직업 인구 2만 3천 명 중에 어업 인구가 무려 7천 명에 육박했다. 그러니까 이곳에 터전을 잡고 일하는 사람들 중 바다에서 고기를 잡아 생계를 유지하는 사람들이 30%를 웃돌고 있었던 셈이다.

이렇게 속초시는 동해안의 대표적인 어업도시로 성장할 수 있었고, 이로 말미암아 도시를 형성하는 토대를 마련할 수 있었다. 특히 1950년대 말에는 돛을 사용하던 범선이 동력선으로 대체되면서 명태, 오징어, 꽁치, 양미리 등으로 주요 생선의 종류가 바뀌었는데, 이때 속초의 어획고는 전국 2위일 정도로 규모가 컸다. 명태와 오징어 등의 건조업도 이때부터 발달했다. 1958년 10월 21일자 〈동아일보〉 기사에서는 당시 속초를 이렇게 표현하고 있다.

"작년에 남한에서 잡힌 17만 톤의 동태 가운데 15만 톤은 속초에서 나가는 500여 척의 어선들에 의하여 잡힌 것이니 '속초 동태'를 안 먹은 사람은 드물지도 모른다."

여기서 그치지 않는다. 1960년대 초에 들어서면, 어획량이 3만 톤에 이르며 1950년대 어획량의 무려 7배에 달하게 된다. 속초의 어획량이 동해안뿐만 아니라 국내 전체 어획량에서도 무시할 수 없는 비중을 차지하게 된 것이다.

속초 수산업의 중심지를 넘어 속초의 중심지로

어획량 그래프가 가장 뾰족했던 1960년대 초에 수협 건물이 생겨났다. 물론 속초시 수산업협동조합의 역사를 놓고 보면, 1920년대부터 50년대에 이르기까지 그 이름만 바뀌었을 뿐 꾸준히 어업조합이 있었다. 1962년에는 '속초어업협동조합'이라는 이름의 조합이 결성되면서 현재 '구 수협'이라고 부르는 건물이 신축되었다.

수협 건물이 신축되면서, 이 장소는 수십 년간 그야말로 속초 수산업의 중심지로 기능했다. 수협 어판장 부두에는 수산물을 판매하거나 구입하기 위해 상인과 시민들이 모여들었고, 어로를 마치고 입항하는 어선을 맞이하는 어민들로 붐볐다.

1960년대에는 오징어를 할복하는 대가로 한 마리당 다리 두 개를 받았는데, 오징어 다리 개수로 사람들 사이에 시비가 붙는 일도 심심찮게 있었다고 한다. 수협은 어민들의 어판장인 동시에 어민들의 작업장이었고, 게다가 시민들에게는 수산물 시장이었다. 그렇게 수협은 속초 수산업의, 아니 속초의 중심지가 되었던 것이다.

수협이 이처럼 커다란 상징적 지위를 갖게 된 것은 이곳이 그저 수산업의 중심지였기 때문만은 아니다. 지리적으로도 속초 도시 형성에서 중요한 공간이라고 할 수 있다.

우선 이곳은 청초호와 동해를 함께 조망할 수 있는 절묘

속초시립박물관 제공

속초시립박물관 제공

1950년대 동명항 부두에 입항한 어선(위) 돌로 만든 작은 방파제에 입항한 어선을 맞이하는 어민들이 빼곡하다. 어획한 생선을 내리는 분주함과 줄줄이 입항 대기중인 어선들의 모습에서 당시의 활기와 생활상을 동시에 느낄 수 있다.

1960년대 수협 어판장 부두(아래) 수협 어판장에 어민들이 조업한 수산물이 가지런히 놓여 있다. 명태, 오징어, 꽁치, 양미리 등 어종과 어획량이 풍부해 속초 수산업의 중심지이자 속초의 중심지로 기능했던 수협 건물은 속초의 어민, 상인, 시민 모두의 터전이었다.

한 위치에 자리하고 있다. 갯배선착장이 바로 옆에 있어서 일반 시민들도 손쉽게 이곳을 드나들 수 있었다. 또한 예부터 어로 작업 중에 북에 피랍되었다가 귀환한 어부들을 맞이하고 환영하는 공간이기도 했다. 그뿐인가. 조난사고라도 있으면 어민 가족들은 일제히 이곳 수협에 모여 가족들의 소식을 애태우며 기다리곤 했다. 수협은 지리적으로는 물론이고, 속초 사람들과 기쁨과 슬픔을 교감해온 정서적인 공간이기도 했던 것이다.

보존과 철거의 갈림길에 서 있는 건물

그렇게 50년에 가까운 세월을 속초와 함께 해온 수협의 본청사가 2015년 4월에 청호동 항만 부지로 이전하면서 이곳은 '구 수협 건물'이라고 불리며 더 이상 사용하지 않는 장소가 되었다.

용도가 없는 빈 건물이 되자, 이곳을 예전과는 달리 애물단지로 바라보는 시선들도 많다. 건물이 극심하게 낙후하여 위험하며, 공간을 너무 넓게 차지하고 있는 탓에 그 일대가 경제적으로 활용되고 있지 못하기 때문이다.

하지만 이에 못지않게 과거 수협의 기억을 안고 이곳의

구 수협 건물의 현재 모습 낙후된 상태로 방치된 커다란 공간을 철거하고 경제적으로 사용하자는 의견과 수협의 역사적 가치를 보존하는 공간으로 만들자는 의견이 팽팽히 맞서고 있다.

역사와 상징성을 지키자는 목소리도 작지 않다. 건물의 보수 및 유지에 비용이 들더라도, 속초의 어민들과 온몸으로 함께 성장해온 수협 건물을 박물관 등의 문화적 체험공간으로 발전시켜야 한다는 입장이다.

현재 속초시에서 건물을 100% 매입하지 못한 터라 이곳이 보존될지 철거될지는 당분간 불확실한 상황이다. 아주 오랜 세월 속초 사람들이 밟고 만지고 눕기도 했을 이곳. 불과 몇 년이 채 되지 않는 짤막한 시간 동안 뒤돌아선 사람들의 등 앞에, 수협 건물의 자태는 그저 쓸쓸하기만 하다.

21 조도

속초해변의 정체성을 이루는 작은 무인도

'속초해변'이라는 명칭은 속초의 모든 해변을 일컫는 것이 아니다. 속초고속버스터미널에서 도보 3분 거리에 있는 해변이자 지역민들에게는 '속초해수욕장'이라는 이름으로 불리는 청호동 일대의 해변이 바로 속초해변이다.

속초해변 앞에 서면 멀다면 멀고 가깝다면 가까운 바다 저편에 무성한 나무들과 바위로 이루어진 작은 섬이 하나 보인다. 새들이 많이 찾는 곳이라고 해서 붙여진 이름 '조도(鳥島)'는 속초해변을 이야기할 때면 빼놓을 수 없는 섬이다. 무엇보다도 백사장에 서서 저 멀리 수평선을 바라볼 때 푸른 바다와 함께 가장 먼저 눈에 띄는 자연이 바로 조도이기 때문이다. 해변 근처 가게들에서 조도라고 적힌 간판이 심심찮게 눈에 띈다는 사실로 짐작컨대, 조도는 단순히 속초해변이 품은 아름다운 자연이라는 의미를 넘어 속초해변의 정체성을 이루고 있는 듯하다.

무섭고도 신비로웠던 소년의 섬

나는 어릴 적부터 조도를 바라보며 자랐다. 열세 살이 되기 전까지 우리 가족은 갯배선착장 근처 중앙동에 있는 주택 3층에 거주했는데, 당시에는 대부분의 건물이 낮아서 집 창문을 통해 앞바다까지 막힘없이 시야에 들어왔다. 아마도 알루미늄이었을, 열고 닫을 때마다 끼익 소리가 나던, 책 한 권 만한 크기의 정사각형 창문 앞에 얼굴을 가져가면 동네의 지붕들과 함께 저 멀리 바다가 한눈에 내려다보였다. 바다 위에는 웬 섬 하나가 둥둥 떠 있었다. 어린 나는 그 섬의 모습이 무섭고도 신비로워서 바라보는 것만으로도 심장이 쿵쾅거렸다.

초등학교 고학년이 되기 전까지 나는 별다른 이유도 없이 그 섬을 일본이라고 여겼다. 한국과 이웃한 나라이자 증오의 감정이 뒤섞인 나라에 대한 역사교육을 받아서였을까. 내가 사는 곳이 동해라는 건 알고 있어서, 동쪽 바다 저편에 있는 섬이라면 분명 섬나라 일본이겠구나 싶은 순진한 유추

였을까.

어쨌든 두 눈과 망원경으로 바라본 조도는 열살 남짓한 아이 기준에서는 무척이나 거대한 섬으로 느껴졌다. 굴곡진 커다란 바위, 무성한 나무들, 그 위를 쉴 새 없이 날아다니는 정체 모를 새들. 목소리가 두꺼워지면서 그 섬이 아주 작은 섬에 불과하다는 사실을 알게 되었을 때는 적잖이 충격을 받았다. 조도는 일본은커녕 세상 어디에나 있을 법한 흔한 섬에 불과했고, 심지어 사람 한 명 살지 않는 무인도였던 것이다.

일출이 아름다운 속초팔경

조도의 역사적 기록은 고지도에서는 나타나 있지 않고, 『양양읍지』에 처음 언급된다고 알려져 있다. '무로도(無路島)는 부 북쪽 30리 속초진(束草津)에 있는데 대나무가 산출된다.'고 적혀 있는데, 아닌 게 아니라 지금도 조도에는 대나무가 있다. 섬 아랫부분은 바위이지만 섬 가운데에 흙이 있는 독특한 생태를 이루고 있어 가까이 살펴보면 소나무와 대나무를 비롯한 각종 풀이 자라난 모습을 볼 수 있다. 한때는 소나무와 풀이 무성해 '초도(草島)'라고 불리기도 했다.

과거엔 '용초정'이라는 이름의 정자도 있었다고 하고, 비교적 근래까지도 어패류가 많이 나서 채집을 위해 이곳에 오는 이들도 있었다고는 하나 현재는 나무와 바위, 무인등대 하나, 그리고 새들만이 이곳을 찾고 있어, 무인도라고 부르는 데 이견이 없는 듯하다.

속초 앞바다에 있는 작은 섬 조도는 1999년 속초시민들의 공모에 의해 속초팔경 중 하나로 선정되었다. 해변에서 일출과 함께 바라볼 때 풍경이 압도적으로 아름다운 섬인 까닭이었다.

철새들이 몰고온 조도의 수난

2000년대 들어 한동안 대규모 가마우지 떼가 조도를 찾아오게 되면서 배설물에 의해 섬이 차츰 황폐해졌다. 자생하던 식생들도 자취를 감추고 멀리서 바라본 섬의 기색이 흐려지던 와중에 속초시가 나섰다.

속초시는 조도의 식생 복원을 위해 2012년부터 2016년까지 순차적으로 해송 1,350주를 식재했다. 2015년경부터는 철새의 이동 경로가 바뀌면서 더 이상 배설물로 인한 백화현상은 발생하지 않고 있다. 현재는 새로 심은 어린 해송들과 기존에 있던 자생 해송들이 정상적으로 자리를 잡으며 서서

속초해수욕장 앞 조도 속초 사람들은 '섬'이라고 하면 가장 먼저 조도를 떠올린다. 1984년에 세운 무인등대를 둘러싼 아직 어린 해송들이 애처롭다.

히 예전의 푸르른 조도의 모습을 되찾아가고 있다.

사람들의 마음속에 아로새겨진 섬

흔히 섬은 그리움의 대상으로 비유되곤 한다. 육지로 이어지는 길이 없어 사방이 온통 바다로 둘러싸인 섬은 우리가 그곳에 두고 온, 내 손 안에 없는 무언가를 상기시킨다. 고향과는 다소 다른 의미로 돌아갈 수 없어 그리워지는 장소로서의 섬. 반면 사람이 살지 않는 섬인 무인도에 관해서라면 감정이 조금 방향을 튼다.

『로빈슨 크루소』라는 불멸의 고전이 일종의 알레고리처럼 머릿속에 뿌리를 내린 것일지도 모르겠지만, 대체로 무인도를 떠올릴 때면 황량한 섬에 갇혀 세상과 영원히 격리된 것만 같은 공포감이 먼저 엄습한다. 이처럼 섬의 특성에 따라 환기되는 감정과 생각들이 전혀 달라진다는 점이 섬이 가진 매력 중 하나인 듯하다.

나에게 있어 섬이라고 하면 무엇보다도 먼저 조도가 떠오른다. 물론 그것은 위에서 언급한 어린 시절에 대한 기억이며, 그로 인해 가장 먼저 떠오르는 감정은 당혹스러움이다. 어릴 적 매일 창밖으로 바라본 수평선 위에 솟아난 거대한 동산이자 미지의 외국. 처음엔 돌과 나무로 이루어진 그 기이한 외관에 당혹스러웠지만, 나중엔 그 섬이 내가 상상하던 이웃 나라 일본이 아니라는 사실을 깨닫게 되며 다시 한번 당혹스러웠다. 그러니까 조도는 내게 혼자만의 상상을 부수고 진짜 현실을 깨달아가는 과정이자, 세상의 일부가 되어가는 과정을, 다시 말해 최초의 성장통으로서의 당혹스러움을 상기시키는 셈이다.

속초해변은 일출 명소로 매해 많은 여행자들이 찾아온다. 그 까닭에는 다름 아닌 이 작은 섬, 조도가 있다. 그 많은 사람들은 수평선 위로 떠오르는 붉은 태양과 그 옆에 외로이 솟아난 섬을 바라보며 무슨 생각을 할까. 한 가지 확실한 건, 속초해변에서 일출을 경험한 사람이라면 푸른 바다와 붉은 태양 못지않게 저 작은 회색빛의 섬을 기억하게 될 것이라는 점이다. 그렇게 조도는 매년 사람들 마음속에 '섬'이라는 글자를 아로새기는 걸지도 모르겠다.

22 완앤송하우스레스토랑

우리는 속초에서 살기로 결정했다

속초에서 가장 고즈넉한 풍경을 간직한 곳인 영랑호 초입에 위치한 레스토랑. 함박스테이크, 쌀국수, 타코라이스라는 무국적 카테고리의 메뉴를 만날 수 있는 이 식당의 이름은 '완앤송'이다.

주인 부부가 먹고 싶어서 만든 쌀국수

이야기는 이렇다. 영랑호의 초입에서 하우스레스토랑을 운영하던 젊은 부부. 그들은 어느 날 쌀국수가 너무 먹고 싶었는데, 속초에 쌀국수를 파는 식당이 없다는 사실을 알게 됐다. 어쩔 수 없이 직접 만들어 먹어야겠다고 생각한 그들은 한번 만들 때 2인분만 만들 수는 없으니 이왕 끓일 거 여럿이 먹을 수 있게 양을 넉넉히 끓이기로 했다. 들통으로 한가득 끓여서 팩으로 얼려 생각날 때마다 먹으면 될 것이라 생각했다.

양이 많아 주변 사람들과도 나눠 먹었는데, 주변 반응이 너무 좋았던 것이다. 맛을 본 지인들로부터 꼭 팔았으면 좋겠다는 피드백을 받고 그들은 잠시 식당의 정체성에 대한 고민에 빠졌다. 그러나 그들의 식당 운영 방침은 다름 아닌 '우리가 좋아하는 음식'을 만드는 것이었다. 그리고 보니 메뉴판에 적힌 요리들도 딱히 어떤 장르라고 쉽게 단정 지을 수 없는 구성이었다. 딱 열 그릇만 팔아보기로 했다. 물론 팔릴 거라는 기대는 없었다.

평일에는 코스 요리를 만들고, 금요일 저녁부터 시작해 일요일까지 3일간 육수를 끓였다. 월요일에 맞춰 완성되는 육수는 딱 50그릇 분량이었기 때문에 점심에 다섯 팀, 저녁에 다섯 팀 한정으로 하루에 열 그릇씩 쌀국수를 팔았다. 그렇게 팔기 시작했던 쌀국수는 소문이 퍼지고 퍼져, 이젠 예약을 하지 않으면 맛볼 수 없는 메뉴가 되었다. 부부가 정성껏 만든 코스 요리를 선보이는 곳이지만, 아는 사람들은 '쌀국수'를 맛보러 이곳을 찾는다.

아이와 함께하는 삶을 꿈꾸다

박재완, 송지은 씨 부부는 서울에 거주하던 평범하다면 평범한 사람들이었다. 회사에 다니며 돈을 모으고, 앞으로 어떻게 살아야 할지 고민하던 젊은 부부였기 때문이다. 그러나 보다 가까이에서 바라보면, 박재완 씨가 레저스포츠 제품들을 수입하고 유통하는 일에 종사했던 까닭에 두 사람은 누구보다도 유독 여행을 좋아하는 한 쌍이었다. 그렇게 현재에 충실하던 두 사람 사이에 7년 전, 딸 박태인 양이 태어나면서 그들은 처음으로 현재가 아닌 앞으로의 삶에 대해 꿈꾸기 시작했다.

그들이 꾸었던 꿈은 아주 새삼스럽고도 특별한 꿈이었다. 그 꿈은 바로 '아이와 함께하는 삶'이었다. 직장에 다니던 박재완 씨는 아침에 출근하고 저녁에 퇴근한 이후에야 비로소 자식을 만날 수밖에 없는 삶이 유독 힘들었다.

자식을 낳은 후로 전업주부로 지내던 송지은 씨 입장도 마찬가지였다. 앞으로의 나날을 그려보았을 때, 자신도 일을 하면서 아이와 함께 있을 수 있는 삶의 조건을 마련하고 싶었다. 그들은 가정의 생계와 생활을 연결시킬 수 있는 방법에 대해 고민하기 시작했다.

송지은 씨는 아이를 키우며 틈틈이 요리 공부를 하고 각종 레시피를 연구했다. 서울에 작은 식당을 차려서, 2층에 가정집을 꾸리고 싶었기 때문이다. 집과 음식점이 붙어 있는 구조에서 아이를 키우면서 작게나마 음식을 팔아 생계를 유지하려는 계획이었다. 그러나 치솟는 부동산 가격에, 서울의 전세 대란에, 식당은커녕 세 식구가 살 집을 마련하는 것조차 쉽지 않은 상황이던 두 사람은 이참에 다른 지역으로의 이주를 생각하게 됐다.

좋아하는 곳에서 좋아하는 일을 하다

이주라는 고민의 첫 단추는 많은 이들에게 그렇듯 제주도였다. 당시는 제주도 붐이 일기 직전이었다. 젊은 부부는 약 1년 동안 제주도에 살 집을 알아보러 다녔다. 그러나 그들이 부동산을 알아보러 다니는 속도보다 제주도의 땅값이 오르는 속도가 더 빨랐다. 계약을 하러 가는 사이 매물을 회수하는 경우가 부지기수였다.

좌절과 유예의 시간들 속에서 그들은 한 달에 한 번 꼴로 속초에 머리를 식히러 갔다. 여느 때처럼 속초에서 곰치국을 먹으며 마음의 위로를 받던 중 그들은 머리를 망치로 맞은

완앤송하우스레스토랑의 외관 '완앤송'은 박재완 씨와 송지은 씨의 이름에서 한 글자씩 따온 것이고, 좋아하는 곳에서 아이와 함께할 수 있는 집이자 일터를 꾸미고자 했던 생각 그대로 '하우스레스토랑'이라는 이름을 붙인 것이다. 부부의 진지한 생각이 담긴 이름이기에 묘하게 설득력이 있다.

것처럼 한 가지 사실을 깨닫는다.

'왜 속초에서 살 생각을 못했을까.' 하염없이 제주도만 꿈꾸느라 지친 몸과 마음을 쉬러 오던 곳이 바로 속초인데, 왜 여기서 살 생각을 미처 하지 못한 것인지. 그렇게 가자미와 곰치국을 앞에 두고 일순간에 속초행이 결정되었다. 아니 어쩌면 훨씬 전부터 그렇게 정해져 있었는지도 모르겠다고 그들은 털어놓았다. 산과 바다와 호수가 함께 있는 곳, 자신들이 살고 싶었던 곳을 바로 지척에 두고도 보지 못하고 있었던 셈이다.

완앤송하우스레스토랑의 대표 메뉴 쌀국수 속초에 쌀국수를 파는 가게가 없어, 본인들이 먹기 위해 만들기 시작한 쌀국수가 이 레스토랑의 대표 메뉴가 되었다. 독특한 향취의 이국 요리를 호수와 바다가 보이는 곳에서 먹는 경험은 이곳만이 선사하는 색다른 즐거움이다.

속초로 이사하겠다고 마음먹은 지 단 열흘 만에 그들은 현재 집이자 레스토랑이 될 자리를 계약하게 된다. 이미 오래 전 영랑호에 반했기 때문에 무조건 집은 영랑호 근처에 있어야 한다는 게 그들의 유일한 바람이었다.

그곳에 집과 함께 레스토랑을 준비한다고 했을 때, 주위의 모든 사람들은 그들을 말렸다고 한다. 그때는 영랑호에 거의 상권이 형성되어 있지 않았기 때문이다.

하지만 이들 부부는 남들과는 다른 확고한 기준을 가지고 있었다. 그건 바로 '여기에 살고 싶은지, 아닌지'였다. 상권 분석을 하고 제대로 창업해서 장사를 하고 싶었다면, 그들은 굳이 속초까지 이주할 필요가 없었다. 좋아하는 곳에 살면서 좋아하는 일을 하고 싶기 때문에 그들은 멀리 속초까지 왔다. 자연히 그들이 운영할 식당 또한 그들이 살고 싶은 곳에 있어야 했던 것이다.

1년 동안 집을 짓고 식당을 만들고 우여곡절 끝에 완앤송 하우스레스토랑의 문을 열었을 때 그들이 내건 기치 또한 그들 삶의 연장선에 다름 아니었다. '우리가 좋아하는 음식'을 만들자. 자신들이 좋아하는 음식이어야 즐겁게 만들 수 있고, 그래야 사람들에게 자신 있게 음식을 낼 수 있을 거라고 생각했기 때문이다.

　그렇게 2016년에 처음 그들이 선보인 음식은 바로 '칠리'라는 요리였다. 부부가 오래 전부터 좋아하던 음식인 매콤한 스튜 칠리를 중심에 두고, 주변 메뉴들을 코스로 구성했다. 향신료가 많이 들어가는 칠리와 달리 보다 대중적인 메뉴인 함박 스테이크도 함께 선보이고 있다.

　박재완, 송지은 씨 부부에게 완앤송 음식의 특징이 뭐냐고 묻자, 그들은 살며시 미소를 머금으며 "우리 음식은 카테고리가 없다."라고 말했다. 얘길 듣고 보니 정말 그랬다. 함박 스테이크와 쌀국수. 지금은 타코 라이스로 부활한 오픈 초기 메뉴였던 칠리. 어느 쪽으로도 쉽게 묶을 수 없는 개성 강한 음식들을 보며 카테고리가 없다는 이야기에 절로 고개가 끄덕여진다.

　그런데 왠지 그들과 같이 웃게 되는 이유는 뭘까. 카테고리가 없는 음식들을 맛보며 정체성이 모호하다는 생각이 드는 게 아니라, "아, 이렇게 할 수도 있구나." 하고 이해하게 된다. 자신들이 좋아하는 일이 스스로의 삶과 결합해 이토록 설득력 있는 음식을 만들어냈다.

- **장사항** : 사진항이라고 불렸던 이곳은 어선과 낚싯배가 드나드는 소규모 어항으로, 배낚시와 방파제 낚시를 즐기러 오는 사람들이 많다. 해변을 따라 길게 횟집과 대게식당 단지가 형성되어 있으며, 여름에는 오징어맨손잡기축제도 열린다. 다른 항들에 비해 바닷가 마을의 안정적인 모습을 간직한 곳이다.
- **소풍** : 영랑호 초입에 위치한 카페로 원두를 소량씩 직접 로스팅한다. 기호에 따라 시럽이나 설탕을 첨가하지 않은 신선한 주스를 맛볼 수도 있다.
- **어나더블루** : 장사항 맨 끝에 위치하여 바다를 보며 커피를 마실 수 있는 카페. 직접 로스팅한 스페셜티 원두를 소량씩 포장해 판매하며, 직접 만든 케이크와 핸드드립 커피가 인기가 좋다.

23 학무정

고고한 선비를 닮은 소나무숲과 정자

속초의 문화유적지로 소개할 만한 곳이 없을까 찾아보던 중 알게 된 곳이 바로 '학무정'이다. 어쩐지 익숙한 그 이름에 노트를 뒤적여보니 맨 앞 장에 빠르게 갈겨쓴 글씨로 암호처럼 적혀 있다. '학무정, 설악산 입구'. 동명동성당 취재 차 만났던 서낙원 선생님께서 추천해주신 곳을 받아 적은 것이었다. '정(亭)'이라는 글자로 미루어 볼 때 도시 어딜 가나 있는 그런 역사적인 정자이겠구나 싶었다. 한국사 수업을 듣는 학생처럼 호기심 반 지루함 반의 기분으로 학무정으로 향했다.

시간이 멈춘 듯한 동네

학무정은 설악산 대청봉에서 발원한다고 알려진 쌍천변 소나무숲 속에 위치한다. 정확한 위치는 설악산 입구 상도문 동. 이 위치가 말하는 바는 학무정에 가기 위해서 속초 시내를 벗어나 설악산으로, 그러니까 외곽으로 가야 한다는 뜻이다. 도문동의 일부를 이루고 있는 하도문, 중도문을 거쳐 상도문에 이르면 목적지가 나온다.

실제로 가보니 속초의 '외곽'보다는 '외부'라고 말해야 하는 거 아닐까 하는 기분이 들 정도로 하도문부터는 마치 다른 도시에 온 듯했다. 1차선 도로 양옆으로 벚꽃이 끝없이 이어져 있고 키 낮은 집들이 옹기종기 모여 마을을 이룬 풍경이었다. 직사각형으로 솟아난 현대식 건물을 좀처럼 찾아보기 힘들었다. 과거 어느 시점에서 시간이 멈춘 듯한 느낌마저 들었다.

길게 이어진 도로를 달리고 또 달려 중도문을 거쳐 상도문에 이르니, 이전과는 확연히 다른 모습의 마을이 눈앞에 드러났다. 마을 전체가 요즘엔 찾아보기 힘든 허리 높이의 돌담벼락들로 이루어져 있고, 모양이 제각각인 둥글둥글한 돌을 쌓아올린 담벼락들 사이로 차 한 대가 겨우 다닐 수 있을 만한 아담한 길이 나 있다. 고개를 들어 보니 집들이 모두 한옥이었다. 한옥마을, 상도문에 도착했다.

일종의 테마파크처럼, 여행자들을 위해 옛날을 본떠 조성한 마을이겠거니 생각했다. 낮은 담벼락은 물론이거니와 한옥들과 골목길이 아주 깨끗하게 정돈되어 있었다.

한옥 사이로 홀로 간판을 달고 있는 가게 하나가 눈에 띄었다. '육모정상점'. 족히 2~30년은 된 듯한 낡은 간판에, 구조도 한옥이었다. 가게를 보고나니 이 마을이 테마파크가 아닐 수도 있겠다는 생각이 들었다. 길의 한편에 이르러서 커다란 한옥 한 채를 마주했다. '오윤환 선생 생가'라고 적혀 있

학무정 가는 길에 있는 마을 풍경 한옥마을인 상도문동에 있는 작은 가게. '육모정'은 육각형의 정자, 즉 학무정을 이르는 말이다. 우표와 필름을 판매한다는 시트지가 붙어 있는 걸로 짐작컨데, 영업을 하지 않은 지 꽤 되어 보인다. 학무정을 세운 오윤환 선생의 생가가 있는 상도문동은 시간이 멈춘 듯한 느낌을 주는 동네이다.

었다. 학무정을 세운 인물의 생가가 마을에 그대로 남아 있었다.

소나무의 행성에 자리 잡은 고즈넉한 정자

학무정은 고종 9년(1872년)에 이 마을에서 태어난 성리학자 오윤환 선생이 1934년에 건립하였다. 그는 벼슬에 뜻을 두지 않고 일생을 학문 연구와 인재 육성에 전념했다고 한다. 3·1운동에 참여했다가 일제에 붙잡혀 곤혹을 치렀다고도 알려져 있다. 그후 학무정을 건립하여 이곳에서 선비들과 글을 짓고 시를 읊으며 제자들과 강론하는 교육의 도장으로 삼았다고 한다. 오윤환 선생의 생가를 마주하고 나서, 테마파크에 대한 의구심은 고이 주머니 속에 넣어둔 채, 고고하게 살아오며 이 마을을 지켜온 과거의 한 사람에 대한 왠지 모를 경외심을 품고 학무정으로 발걸음을 재촉했다.

'설악산 쌍천변 송림에 위치하고 있다'는 학무정에 대한 소개는 수정되어야 하는 게 아닐까 하는 생각이 들었다. 단순히 소나무숲에 위치한 정도가 아니라 이곳은 소나무의 세계였다. 마치 수백, 수천 년 전부터 소나무만 자라왔고 소나무들이 서로 보살펴주며 촌락을 이루어낸 소나무의 행성에

노송들에 둘러싸여 있는 학무정(위)과 내부에 걸린 현판(아래) 정자의 크기는 너무 작고, 그 주변에 조성된 상태가 믿을 수 없을 만큼 소박하다. 각기 다른 이름의 현판이 4개나 걸려 있다. 게다가 높다랗게 빽빽이 자란 소나무들에 가려져 정자가 보이지 않을 수도 있다. 여러모로 그냥 지나치기 쉬우므로 주의해야 한다.

온 것 같았다. 전신주 높이는 가볍게 뛰어넘는 소나무들에 가까이 다가서니 마을에서 봤던 예의 그 돌들로 계단이 만들어져 있었다. 계단을 올라 정자에 이르렀다.

직전에 마을에서 봤던 작은 가게 '육모정상점'의 이름도 다름 아닌 학무정을 가리키는 것이라는 사실을 알 수 있었다. 정자는 모양이 육각형이라서 흔히 '육모정'이라고도 부른다고 한다. 정자의 이쪽저쪽을 살펴보니 일반적인 정자와 달리 각기 다른 4개의 현판이 걸려 있었다. 남쪽에는 학이 춤춘다는 의미의 학무정(鶴舞亭), 북쪽에는 영모재(永慕齋), 북동쪽에는 인지당(仁智堂), 남서쪽에는 경의재(敬義齋)라고 해서, 총 4면에 각각 제 몫의 이름이 적혀 있는 것이었다.

정자 안으로 들어가면 11개의 시판(詩板)이 걸려 있는데, 오윤환 선생이 제자들과 글을 짓고 시를 읊었다고 전해지는 걸로 보아 그중 뛰어난 시들을 전시한 것 같았다. 6면에 문을 달았던 흔적도 남아 있어 사계절 내내 쓰임이 쉬질 않았던 것을 알 수 있었다.

학무정 안에서 밖을 바라보면 그야말로 눈앞에 장관이 펼쳐진다. 멀리 설악산의 산등성이가 선명히 보이고, 아래로는 쌍천이 흘렀던 자리를 실감케 하는 강돌들과 함께 울창한 소나무들이 막힘없이 솟아 있다. 정자에 앉아 있으면 기둥 사이로 보이는 아름드리 소나무들이 이곳의 역사를 헤아려보게 만든다. 소나무는 고개를 들어도 끝이 잘 가늠되지 않을 정도로 키가 높아서 그 자체로 유물이라고 불러도 손색이 없었다. 울창한 숲속에 조용히 자리 잡은 정자는 바로 옆 한옥 마을처럼 고즈넉하고 아담한 정취를 보여준다. 성리학에 몰두했던 한 학자가 이곳에 정자를 세우고 교육의 터전으로 삼았을 까닭에 대해 절로 고개가 끄덕여지는 대목이었다.

누군가 내게 어디에 사냐고, 혹은 고향이 어디냐고 물어보면 망설임 없이 '속초'라고 대답하지만, 나는 과연 속초를 '안다'고 말할 수 있을까? 안다는 것의 의미가 눈을 감고도 어떤 대상을 정확하고도 자세히 설명할 수 있는 상태라고 한다면, 나의 몸뚱이는 속초에 있지만 속초를 안다고 말해서는 안 될 것이다. 학무정이 그랬다. 그곳은 의심의 여지없는 속초이면서도 내가 생활하는 동네와는 전혀 다른 곳이었고, 정확히 그런 의미에서 내 생활 반경의 협소함과 무지함을 일깨워주는 공간이었다. 나는 짧지 않은 시간 동안 속초에 살았고 지금도 속초에 살고 있지만, 여전히 이 도시를 알아가는 중이다.

- **상도문 한옥마을** : 500년 전통의 유서 깊은 한옥마을로 허리 높이의 낮은 돌담벼락이 특징이다. 마을 근처에 도문농요전수관과 학무정이 있다. 학무정에서 터를 잡고 제자들을 가르쳤던 오윤환 선생의 생가도 보존되어 있다.
- **목우재 벚꽃길** : 영랑호와 함께 속초에서 벚꽃을 감상할 수 있는 장소로 유명하다. 설악산 길을 따라 양쪽에 펼쳐진 벚꽃을 밤에도 볼 수 있도록 조명이 설치되어 있다.
- **딸기마을** : 봄에 딸기축제가 열리는 곳. 딸기를 직접 수확할 수 있고, 요리(스무디, 쿠키 등)와 딸기 천연염색 등의 체험은 아이들과 함께 즐기기 좋다.
- **알쉬미커피** : 창밖으로 설악산자락을 감상할 수 있는 핸드드립 카페. 동화에 나올 법한 붉은 벽돌집과 정원이 아름답다.

24 완벽한 날들

닭강정 없이도 완벽한 여행을 할 수 있는 곳

닭강정과 물회로 시작하는 속초 맛집 순례 여행에 지쳤다면, 조금 다른 여행을 떠나보는 건 어떨까. 휴식은 우리가 여행을 떠나는 중요한 이유 중 하나다. 가족이나 친구들과 함께 떠난 여행에서 쉴 새 없이 명소들을 방문하거나 맛집을 찾아 헤매는 하루를 보내고 나면 평일에 일을 마쳤을 때보다 더 다리가 후들거리기 마련이다. 반대로 홀로 떠난 여행에선 온전히 나만의 시간을 갖고, 충분한 휴식을 취하는 일이 무엇보다도 중요해진다. 천천히 쉬면서 세상일에 지친 몸과 마음을 달래는 곳. 온전한 쉼이 있는 공간 '완벽한 날들'에서는 그것이 가능할지도 모른다.

조금 다른 공기가 흐르는 그곳

완벽한 날들은 속초 시외버스터미널 바로 뒤편에 자리한 서점 겸 게스트하우스 겸 카페이다. 버스에서 내렸을 때 눈앞에 보이는 기사식당들 앞을 지나면 1분도 채 되지 않아 다른 가게들과는 조금 다른 기운을 내뿜는 이곳을 마주할 수 있다.

안으로 들어서면 책을 고르거나 읽고 있는 사람들, 커피를 마시며 쉬고 있는 사람들이 눈에 보인다. 들릴 듯 말 듯 낮은 음악이 흐르는데, 아주 조용한데도 그 침묵이 조금도 어색하지 않다. 오히려 서로가 그 침묵을 존중해주고 있다는 느낌마저 든다. 버스들이 바삐 오가는 장소, 버스의 수보다도 더 많은 여행객의 설렘과 한숨이 뒤섞인 이런 장소에 어떻게 바깥과는 조금 다른 온도를 지닌 공간이 만들어지게 되었을까?

책이 있는 작은 문화공간

완벽한 날들을 만든 최윤복, 하지민 씨 부부는 각각 경기도 부천과 서울에서 시민단체의 일원으로 일했다. 남편인 최윤복 씨가 가족의 사업을 도우러 아내 하지민 씨와 함께 자신의 고향인 속초에 돌아왔을 때는 2014년이었다. 2년의 시간이 흐른 뒤 젊은 부부는 자신들이 일하던 시민단체로 복귀해야 할지, 새로운 직장을 알아봐야 할지 고민하게 되었다. 그러던 중 아내 하지민 씨의 제안으로 두 사람은 가게를 열어보기로 결정했다. 시민단체로의 복귀도 기업으로의 취직도 아닌 전혀 다른 선택지, 다름 아닌 자영업자의 길로 들어선 것이다.

자영업 중에서도 서점과 카페와 게스트하우스를 결합한 복합적인 공간을 생각하게 된 까닭은 시간을 조금 더 거슬러 올라간다. 두 사람이 결혼하기도 훨씬 이전, 최윤복 씨가 대학원생이던 시절, 어렴풋하지만 지금과 비슷한 방식의 복합문화공간을 꿈꿨다고 한다. 일본에 잠시 머물렀을 때 접했던 편집샵이나 대안적인 공간들로부터 깊은 인상을 받았고, 이후 한국에 돌아와서도 서울 종로의 길담서원, 서대문의 레드북스, 대학로의 이음처럼 책을 중심으로 한 작은 문화공간들에 깊게 매료되었던 그였다.

학교 앞에 있던 자그마한 술집이 문을 닫게 되었을 때, 그곳을 인수해서 서점을 운영해보려고 했다. 그러나 학생 신분이라 자금 사정이 여의치 않아 결국 그 계획은 포기할 수밖에 없었다. 그때 느꼈던 상실감이 오랜 시간 이어져 지금의 공간을 만든 원동력이 되어주었다.

최윤복 씨는 결혼 이후에도 책을 중심으로 한 복합문화공간을 만들고 싶었던 자신의 꿈에 대해 아내 하지민 씨와 지속적으로 이야기를 나눴다. 하지민 씨 또한 그런 최윤복 씨의 꿈을 무시하거나 흘려듣지 않고, 세심히 그 꿈을 보듬어주었다. 하지민 씨가 남편에게 자영업의 길을 제안했을 때는 물론 남편의 오랜 꿈을 '함께' 실현하고 싶었던 것이었다. 책을 중심으로 문화공간을 만들어보자는 꿈의 실현이었다.

온전한 쉼이 필요한 여행자를 위해

두 사람이 함께 만들어갈 공간의 첫 번째 정체성을 무엇으로 삼을지가 고민이었다. 그때 그들이 본 것이 닭강정 상자였다. 속초를 여행하는 사람들 손에는 너도나도 닭강정 상자가 쥐어져 있다. 뿐만 아니라 대부분 같은 식당에 가서 밥을 먹고 같은 카페에 가서 커피를 마신다.

부부는 자신들이 할 수 있는 게 무엇인지 곰곰이 생각하던 중 이런 획일화된 여행이 아닌 조금 다른 취향과 생각을 가진 사람들을 위한 공간을 만들자고 생각했다. 그 조금 다른 여행의 이름은 바로 '쉼', '휴식'이었다. 쉼을 위한 공간을 구체화하면서 서점에 게스트하우스와 카페를 결합한 지금의 모습이 떠오른 것이다.

세 가지 업종이 결합되어 있다 보니 일이 두 배 세 배 가중되었다. 게다가 자영업도 처음인 그들로서는 손님을 대하는 일, 서점에서 책을 입고해 판매하는 일 등 마주하는 일들 중 어느 하나 쉬운 게 없었다. 하지만 차츰 시간이 흐르면서

문이 활짝 열린 1층의 서점과 2층의 게스트하우스 서점, 게스트하우스, 카페가 결합된 완벽한 날들은 책을 중심으로 한 복합문화공간으로 여백과 쉼이 있는 조용한 속초 여행을 꿈꾸는 사람들을 위한 곳이다.

바로 그런 점이, 그러니까 여러 업종이 복합되어 있는 점이 서서히 좋아졌다고 한다. 사무적인 일과 육체적인 노동이 계속 반복되어야 했기 때문이다. 컴퓨터로 사무 일을 보다 보면 직원들과 문화행사 기획도 해야 하고, 그러다 보면 어느새 게스트하우스를 청소해야 할 시간이 된다. 꾸준히 육체노동을 하면서 동시에 책을 엄선하고 소개하는, 타인에겐 지적으로 여겨질 지도 모를 일들을 병행하다보니 오히려 삶의 균형이 생긴 것이다.

"다 똑같이 여행하는 것 같지만, 똑같지 않은 사람도 있지 않을까?" 이 질문에 답하고자 남들과는 조금 다른 공간을 만든 최윤복 씨와 하지민 씨. 속초를 다르게 즐기는 사람들을 위한 공간을 만들고, 그들을 위해 자신들의 역할을 하고 싶다는 젊은 부부의 생각은 개업을 하고 몇 년이 지난 지금에도 달라지지 않았다.

세상일로 고된 마음의 피난처 같은 곳, 나 자신으로부터 도망치고 싶을 때조차 쉴 곳을 마련해주는 곳. 그런 까닭에 혼자 여행하는 사람들이 찾아오는데도 그들이 혼자가 아니도록 느끼게 만들어주는, 기적과도 같은 일이 완벽한 날들에선 일어나는 게 아닐까.

영랑호·청초호 주변

❶ 동명동성당 : 한국전쟁 중에 지어진 유일한 성당이자 속초 사람들만 아는 비밀스런 해맞이 장소

❷ 문천당 : 속초에서 가장 오래된 금은방. 거꾸로 가는 시계를 발명했고, 명품 시계 수리점으로도 유명하다. 한국 금은방의 역사를 고스란히 간직하고 있는 곳

❸ 청초호 : 속초 한가운데 펼쳐진 석호. 난개발에 대항해 속초 시민들이 지켜낸 철새도래지이다.

❹ 갯배선착장 : 오직 속초에만 있는 교통수단 갯배를 탈 수 있는 곳. 직접 배를 끌 수도 있다.

❺ 수복탑 : 실향민의 아픔과 통일에 대한 염원을 되새길 수 있는 곳

❻ 칠성조선소 : 3대째 이어지던 조선소에서 문화공간 겸 카페로 재탄생한 곳

❼ 영랑호 : 청초호와 함께 속초를 대표하는 석호. 범바위에 올라 잔잔한 호수 너머로 보이는 속초 시내와 설악산을 한눈에 조망할 수 있다.

❽ 보광미니골프장 : 50년이 넘는 역사를 가진 독특한 미니골프장. 미니골프를 치면서 따뜻한 감자전과 막걸리를 먹을 수 있다.

❾ 등대전망대 : 속초를 짧게 여행하는 사람이라면 등대전망대 일대에서 속초를 집약적으로 맛볼 수 있다.

❿ 영금정과 동명항 : 영금정에서 일출을, 동명항의 오징어 난전에서 싱싱한 오징어회를 맛볼 것

⓫ 비단우유차 : 도시를 묵묵히 지켜온 오래된 건물에서 재료 본연의 맛을 살린 부드러운 우유차 한 잔

⓬ 중앙시장 : 속초에 하나뿐인 재래시장으로 속초의 음식이 총집한 먹거리의 성지

⓭ 순대골목 : 속초의 명물 아바이순대로 만든 순댓국. 마음까지 뜨끈해지는 푸짐한 아바이순댓국을 맛볼 수 있다.

⓮ 김송순아마이젓갈 : 실향민 1세대 故김송순 젓갈명인이 만들어온 속초의 가장 오래된 식해 가게. 2대째 이어 운영 중이며 속초에서 직접 식해를 만드는 몇 안 되는 곳 중 하나

⓯ 조양동 선사유적지 : 3000년 전 속초 사람의 흔적. 현대 주택이 한가운데 위치한 이곳에서 청동기시대의 유적을 볼 수 있다.

⓳ 동아서점 : 1956년에 개점하여 3대에 걸쳐 운영되고 있는 속초에서 가장 오래된 서점

⓴ (구)수협 건물 : 보존과 철거의 갈림길에 선 속초수산업의 옛 영광을 간직한 곳(강원도 속초시 중앙부두길 39)

㉑ 조도 : 속초사람들에게 '섬'이란 '조도'의 다른 이름이다. 섬이 거의 없는 동해안에서 조도는 새들의 천국이자, 섬의 상징이나 다름없다.

㉒ 완앤송하우스레스토랑 : 그저 속초에 살고 싶어 속초에 둥지를 튼 주인장 부부가 만드는 따뜻한 요리와 영랑호의 경치를 동시에 경험할 수 있는 곳

㉔ 완벽한 날들 : 속초의 독특한 문화공간. 온전한 쉼을 즐길 수 있는 서점 겸 게스트하우스이자 카페

속초시

장사항

22 완앤송하우스레스토랑

7 영랑호

영랑동

등대전망대
9
10 영금정

8 보광미니골프장

금호동   동명동   1 동명동성당

속초항국제여객터미널

속초시외버스터미널   24   10 동명항
완벽한날들   5 수복탑

속초항

■ 속초시청

2 문천당

순대골목 13 12 중앙시장(속초관광수산시장)
4 갯배선착장
20 (구)수협 건물

동해

동아서점
19
11 비단우유차

6 칠성조선소

3 청초호

14 김송순아마이젓갈   21
조도

청호동

속초고속버스터미널 ● 속초해수욕장

15 조양동 선사유적지

조양동

235

노학동·대포동

🔟 **속초시립박물관**

🔟 **설악산 자생식물원**

노학동

🔟 **속초시립박물관** : 속초의 역사와 문화에 대한 배경지식을 얻을 수 있는 인문학적 여행의 시작점

🔟 **대포항** : 속초의 발원지이자 대포만세운 동이 일어났던 역사적 장소. 그곳에서 맛보는 새우튀김

🔟 **설악산 자생식물원** : 속초판 타샤의 정 원. 산에 오르지 않고도 산책하듯 설악 산을 만날 수 있는 곳

🔟 **학무정** : 1934년에 속초 출신 성리학자 오윤환 선생이 건립한 정자. 소나무숲으 로 둘러싸인 고즈넉한 정자에서 뿜어져 나오는 신비한 분위기를 느낄 수 있다.

동 해 고 속 도 로

속 초 시

🔟 **학무정**

금호동

동명동

● 속초항

■ 속초시청

청학동

교동

동 해

청초호

청호동

조양동

대포동

17 **대포항**

237

양 양 군

대한민국 도슨트 · 속초 연표

B.C. 1000	1909	1919	1934	1937
선사시대 원주민 거주(조양동, 장사동 등에서 청동기 유물 발견)	2월 대포항 개항	4월 5일 대포만세운동 시작	성리학자 오윤환 선생이 학무정 건립	7월 1일 도천면이 속초면으로 개칭

1957	1962	1963	1966	1968
6월 8일 등대전망대의 등대 최초 점등	4월 1일 속초 수산업의 중심 수협 건물 설립	보광미니골프장 개장 1월 1일 속초읍에서 속초시로 승격	동아문구사에서 동아서점으로 상호 변경 12월 30일 속초성당에서 동명동성당으로 명칭 변경	김송순아마이젓갈 장사 시작

1996	1997	1999	2005	2008
'아바이순대'를 공식적인 음식 이름으로 지정	첫 번째 영금정 해맞이정자 건립 	청초호에서 강원국제관광 엑스포 개최, 엑스포타워 완공 	속초시립박물관 개관	제1회 속초양미리축제 개최

1951	1952	1953	1954	1956
문천시계점 (문천당) 개업	원산조선소 (칠성조선소) 개업 4월 배 모양의 형태를 갖춘 갯배 탄생 10월 1일 한국전쟁 중 속초성당 (동명동성당) 본당 설립 인가	8월 15일 속초성당 (동명동성당) 완공	5월 10일 수복기념탑 건립	동아문구사 (동아서점) 개점

1970	1979	1982	1983	1992
보광미니골프장 17홀 아폴로 코스 설계	문천당 양종문 기술자가 거꾸로 가는 시계 발명	설악산을 유네스코 '생물권 보존지역'으로 지정	11월 17일 시민 성금을 모아 강풍으로 파손된 수복기념탑 재건립	5월 조양동 선사유적지 발굴

2012	2015	2016	2017	2018
청호동과 장사동을 잇는 설악대교와 금강대교 개통 6월 5일 설악산 자생식물원 개원	1월 동아서점 리모델링으로 2만 권의 책 교체 4월 수협이 청호동 항만부지로 이전 6월 1일 김송순 할머니 가자미식해 명인으로 지정	완앤송하우스 레스토랑 개업 12월 복합문화공간 아트플랫폼 갯배 설립	칠성조선소 부지 내 칠성조선소 살롱 개업	칠성조선소 뮤직 페스티벌 개최 3월 비단우유차 서울에서 속초로 이전

참고 자료

국립민속박물관, 속초시립박물관, 『실향을 딛고 세운 도시, 속초』, 2017.

동명동본당 50년사 편찬위원회, 『동명동본당 50년사』, 2003.

속초문화원, 『속초 수산업 발전의 역사』, 2017.

속초시, 속초문화원, 『옛 사진으로 엮은 속초의 발자취』, 속초시, 2001.

속초시, 속초시립박물관, 『속초시민과 함께한 속초시립박물관 10년의 발자취』, 2015.

속초시립박물관, 『1950년대 속초리 속으로』, 2011.

엄경선, 『설악의 근현대 인물사』, 마음살림, 2009.

엄경선, 속초문화원, 『시간여행 속초음식생활사』, 강원도문화원연합회, 2018.

엄경선, 장재환 『동해안 납북어부의 삶과 진실』, 설악신문사, 2008.

장정룡, 『명산 설악, 겨울빛으로 깨어나다』, 속초문화원, 2016.

황을문, 『동상과 우상 : 고 유정충 선장 일대기』, 전망, 2014.

대한민국 도슨트
한국의 땅과 사람에 관한 이야기

D

다시, 한국의 땅과 한국 사람에 관한 이야기를 시작하다

이중환의 『택리지』, 김정호의 『대동지지』, 뿌리깊은나무 『한국의
발견(전 11권)』(1983)은 시대별로 전국을 직접 발로 뛰며 우리의
땅과 사람, 문화를 기록한 인문지리지들이다. 이 선구자들이
있었기에 우리는 오늘날까지 스스로를 보다 잘 이해하고 발전
시켜올 수 있었다.

　기록되지 않는 것은 시간이 흐르면 사라진다. 특히 정규 교
과에서 깊이 다루지 않는 1970~80년대 이후의 한국은 젊은 세
대에게는 미지의 영역이나 다름없다. 대한민국 도슨트 시리즈
는 더 늦기 전에 한국의 오늘을 이야기하고자 한다.

하나의 지역이 한 권의 책으로

각 지역의 고유한 특징을 깊이 있게 담아내고자 독립된 시·군

단위를 각각 한 권의 책으로 기획했다. 그리고 목차는 답사하기 좋도록 대표적인 장소 중심으로 구성하였다. 오래된 문화유산과 빼어난 자연환경은 물론, 지금 가장 활발하게 움직이는 곳이나 역동적으로 태동 중인 곳들도 담아내려고 노력했다.

이들 장소에는 그곳을 거쳐간 수많은 사람들의 기억과 경험이 누적되어 있다. 그것들을 살려내 가급적 쉬운 언어로 풀어내고자 애썼다.

지역의 시선이 고스란히 담긴 특별한 안내서

각 지역의 도슨트는 해당 지역에 거주하거나, 지역과 깊은 연고가 있는 분들이다. 오랫동안 가까이에서 지역의 변천사를 지켜봐온 저자들이 유의미한 공간들을 찾고 고유한 이야기를 풀었다. 이 시리즈가 지역의 거주민들과 깊이 있는 여행을 원하는 이들 모두에게 새로운 발견과 탐구의 출발점이 되었으면 한다.

대한민국 도슨트 시리즈 목록

01 속초

속초는 빠르게 변화 중이다.
실향민의 도시에서 가장 트렌디한 도시로.

"속초에 관한 책이 없답니다. 그래서 이 책을 썼습니다."
여행자가 아니라 속초인의 시선으로 쓰인 최초의 속초 안내서.

김영건 지음 | 248쪽 | 15,500원

02 인천

인천은 미지의 세계를 향해
처음으로 문을 연 용기와 모험의 도시다.

한국 개항의 역사가 펼쳐진 생생한 현장이자
거대한 실험실이었던 인천이 우리에게 던지는 인문학적 질문들.

이희환 지음 | 324쪽 | 16,500원

03 목포

목포는 스스로의 힘으로 오랜 침묵을 깨고
새로운 출발점에 섰다.

바다가 만들고 사람이 완성한 전남 근대문화 1번지.
목포 토박이 역사학자가 안내하는 다채롭고 깊이 있는
목포 여행.

최성환 지음 | 368쪽 | 17,000원

04 춘천

**낭만과 청춘을 오롯이 품은 춘천은
새로운 무늬를 조각하고 있다.**

낭만의 도시 춘천 속 우리가 몰랐던 역사와 일상.
여행객이 바라보는 풍경 그 이면에 가려진 진짜 춘천의 모습.

전석순 지음 | 332쪽 | 16,500원

05 신안

**신안은 1025개의 섬으로 이루어진 섬 왕국이자
이야기의 제국이다.**

섬 연구자가 발로 뛰며 기록한 신안의 섬과 섬사람들의 삶.
저마다의 풍경과 역사를 가진 섬
그리고 우리가 지켜내야 할 이야기들.

강제윤 지음 | 356쪽 | 17,000원

06 통영

새로운 문화가 숨 쉬는 바다의 땅 통영은 언제나 푸르다.

예술가의 고뇌와 장사치의 잇속이 뒤섞인 공간들.
종잡을 수 없는 통영스러움을 찾아 골목골목을 직접 밟으며
발견해낸 통영의 가치.

이서후 지음 | 296쪽 | 17,000원

07 군산

군산의 시간은 꿈틀거린다
근대가 남긴 이 도시의 유산들은 더 이상 과거가 아니다.

100년 된 건물들과 그보다 더 오래된 뜨거운 이야기.
치열했던 삶과 역사를 찾아
과거와 현재의 공존 속으로 걸어가는 시간 여행.

배지영 지음 | 312쪽 | 17,000원

08 제주 동쪽

발길 닿는 곳 모두가 아름다운 제주 동쪽에는
여행자의 눈에 잘 띄지 않는 시린 역사와
뜨거운 신화가 살아 숨 쉬고 있다.

1만 8천 신들의 본향이자 강인한 해녀들의 본고장. 제주 성산의
비경에 가린 험난한 역사와 삶의 자취를 찾아 떠나는 여정.

한진오 지음 | 288쪽 | 17,000원

  * 대한민국 도슨트 시리즈는 계속 출간됩니다.
** 발간 순서는 사정에 의해 변경될 수 있습니다.

대한민국 도슨트 01

속초

1판 1쇄 발행 2019년 9월 17일
1판 3쇄 발행 2023년 9월 1일

지은이 김영건
펴낸이 김영곤
펴낸곳 ㈜북이십일 21세기북스

외주편집 이현정 감수 엄경선
사진 김영건 스튜디오다홍
디자인 02정보디자인연구소
일러스트 윤아림
문학팀 김지연 원보람 송현근
출판마케팅영업본부장 한충희
마케팅2팀 나은경 정유진 박보미 백다희
출판영업팀 최명열 김다운 김도연
제작팀 이영민 권경민

출판등록 2000년 5월 6일 제406-2003-061호
주소 (10881) 경기도 파주시 회동길 201(문발동)
대표전화 031-955-2100 팩스 031-955-2151 이메일 book21@book21.co.kr

(주)북이십일 경계를 허무는 콘텐츠 리더

대한민국 도슨트 채널에서 도서 정보와 다양한 영상자료, 이벤트를 만나보세요!
네이버오디오클립/팟캐스트 〈대한민국 도슨트〉
포스트 post.naver.com/travelstudy21
인스타그램 www.instagram.com/k_docent

이 책의 내용 중 오류나 잘못된 정보가 있을 경우 k_docent@book21.co.kr로 연락주세요.
독자 여러분의 지적 사항을 반영하여 지속적으로 수정·보완하겠습니다.